儿还是儿子，也不管你自己是爸爸还是妈妈，都可以读读这本书。本书中不仅有适用于解决现实生活问题的实用信息，还有很多需要父母多加注意的事项。而本书的核心内容，同时也是爸爸与女儿对话时最应该做到的一点，便是要时刻摆出认真聆听的姿态。

在孩子的成长过程中，父母一定要展现出尊重孩子的态度。但事实上，大部分爸爸在对话的过程中会经常发起火来，或者强迫孩子服从自己。因此，在韩国青少年当中甚至有这么一个玩笑：所谓“对话”，其实就是“对着发火”的意思（“火”跟“话”在韩语里读音一样）。

女儿作为女性，在语言习惯上与身为男性的爸爸有所不同。正是这种语言习惯上的差异，可能导致爸爸对女儿的理解不够，同时女儿也可能因为爸爸的一句话而受到伤害。但是，我们要记住，爸爸的话应该成为抚慰孩子伤口的手、温暖孩子冰凉双手的手，而不是伤害孩子的“凶器”。

读过本书之后，哪怕能够做到书中所提到的一两点并坚持下去，都足以为父女或父子间进行良好的对话埋下种子，从而改善与子女的关系。想成为好爸爸、好妈妈，不能急于求成，而是应该慢慢地从细节做起。哪怕你只能做到书中提到的某一点，并坚持下去，你也可以成为一个优秀的爸爸。

虽然年幼的女儿并不是一个成熟的个体，但作为成年人的爸爸也不完美。因此，我们自己也需要反省。大家应该记住，对话的基础在于对家庭的爱。只有不断地自我反省，才能使自己有能力营造出更好的家庭环境。

通过对话，我们可以成为一个好爸爸。但大部分爸爸都缺少努力以及忍耐。为了能与女儿愉快地进行对话，为了能维持父女间良好的关系，我们应该像在职场上所做的那样，全力以赴地去奋斗。

如果与女儿的关系已经疏远，那么，我们更应该竭尽全力去改善父女关系。我们要尽量克制自己，并且努力去理解女儿。

另外，我们不要做那种牵着女儿鼻子走的爸爸，而应做女儿人生旅程中的一个前期陪伴者。请不要忘记，总有一天，女儿是要独立前行的。我们的责任不过是在女儿能独立行走之前帮助她们而已。

最后，我要向比我更有耐心且更加宽容的礼恩和多恩说声谢谢！

아빠 딸 대화

〔韩〕郑成俊·著
郭舜豪·译

父爱的力量

用心谈出孩子的未来

为不擅长与女儿沟通的爸爸们准备的教养指南

中国妇女出版社

图书在版编目（CIP）数据

父爱的力量：用心谈出孩子的未来 /（韩）郑成俊著；郭舜豪译.
—北京：中国妇女出版社，2013.8

ISBN 978-7-5127-0740-5

Ⅰ.①父… Ⅱ.①郑… ②郭… Ⅲ.①家庭教育 Ⅳ.①G78

中国版本图书馆CIP数据核字（2013）第155546号

父爱的力量——用心谈出孩子的未来

作　　者：〔韩〕郑成俊　著
译　　者：郭舜豪
责任编辑：宋　文
封面设计：花　婧
版式设计：陈佳佳
责任印制：王卫东
出版发行：中国妇女出版社
社　　址：北京东城区史家胡同甲24号　　邮政编码：100010
电　　话：（010）65133160（发行部）　　65133161（邮购）
网　　址：www.womenbooks.com.cn
经　　销：各地新华书店
印　　刷：三河市金元印装有限公司
开　　本：150×215　　1/32
印　　张：6.5
字　　数：132千字
版　　次：2013年8月第1版
印　　次：2013年8月第1次
书　　号：ISBN 978-7-5127-0740-5
定　　价：28.00元

目录
CONTENTS

CONTENTS

前言

在支持养育女儿的爸爸们的同时

本书始于对自己的反省。身为小学老师，我每天都要跟孩子打交道，因此也学到了不少东西。但是，当我跟家中那位“公主”交流时，我才发现那些在学校里学到的知识，又或者是我在研究生期间学到的谈判心理学理论，跟实际生活多多少少都有些差距。也正因如此，我饱受挫折。虽然已经是两个女儿的爸爸，但扪心自问，对于她们来说我或许并不是一个很好的爸爸。

虽说每当深爱的女儿经历困难、出现烦心事又或者是生气时，我总想和颜悦色地对待她们，但却总是搞砸，同时也伤害到了女儿幼小的心灵。不仅如此，我几乎每天都会对女儿发火。但是，被这个问题困扰的难道只有我一个人吗？或许还有很多爸爸跟我一样，在养育女儿或者儿子的过程中，会经常不由自主地发火。

我在这本书里对之前学习到的知识以及生活中的真实经历进行了整理，希望对有女儿的爸爸们有所帮助。

虽然本书的重点是爸爸和女儿的对话法则，但不管你的孩子是女

| 第一章 |

爸爸，开始和女儿的对话吧

做到了的。另外，需要特别注意的是，爸爸在女儿各个时期所要起到的作用是不一样的。

从孩子刚出生咿呀学语，到开始基本的对话（0～3岁），爸爸是女儿的保护者和养育者。而到女儿开始识字、读书以及经历各种体验的幼儿园为止，爸爸需要起到的是训育者的作用。那么在女儿上小学时，爸爸要起到什么样的作用呢？没错，爸爸要起到激励者的作用。

在小学时期，孩子不仅学会了遵守秩序，还会时不时同朋友们进行比较，跟随别人去感受各种各样的事情。这个时期的孩子如果失去了自信心或者遇到困难就轻易放弃，会对其以后的发展造成极大的损害。

在女儿的青春期，也就是初高中时期，爸爸应该起到商谈者的作用。作为一个好的商谈者，爸爸要赢得孩子的信赖，并且对女儿的发展方向给出好的建议，倾听女儿的烦恼和忧愁。

在女儿大学毕业，年龄逐渐长大时，爸爸应该成为女儿的伙伴，成为女儿的朋友。

在女儿不同的发展阶段，爸爸所要起到的相应作用也各不相同。如果女儿处于需要激励者的时期，爸爸仍扮演着训育者的作用；又或者女儿处于需要训育者的时期，爸爸却起着商谈者的作用，这无疑会让女儿陷入混乱之中。

爸爸比妈妈的话分量重吗

在子女教育中，如果妈妈的分量是100，那么爸爸的分量也是100。只不过由于两个人的作用稍微有些不同，让人产生了父母说话分量不同的错觉。爸爸一定要记住，自己肩上也背负着同妈妈一样的责任——养育子女。

很多爸爸认为女儿跟自己性别不同，所以该由妈妈对其进行指导。爸爸们，请赶紧抛掉这种想法吧！妈妈不也能将与自己性别不同的儿子养育得很好吗？爸爸对于女儿来说，跟妈妈是一样重要的。所以，在女儿面前，爸爸应该尽力去成为她的保护者、养育者和激励者。

女儿小的时候，有了烦恼一般会寻求妈妈的帮助。但随着年龄的增长，相比于妈妈，她们更喜欢去找朋友倾诉。在注重学历的现在，妈妈担负起的更多的是一种训育者的作用，所以女儿很难从妈妈身上得到安慰或向妈妈诉苦。

但是，爸爸却比妈妈更有利，因为爸爸可以给出妈妈难以给出的建议。正因为爸爸是男性，所以可以讲出更多出于男性立场的观点。而这些事情既可以为女儿提供建议，也可以成为女儿思考的新角度。爸爸们，当女儿烦恼或忧虑时，不要逃避，试着倾听女儿的心声吧！

那些只会拒绝女儿的爸爸们

大部分不关心子女的爸爸都会以公事繁忙为借口。这证明很多爸爸为了成功，都只是将子女视作一种负担。而且，因为父女矛盾加重而参加心理咨询的人中，有很多都是社会成功人士。其中，有的甚至是大学教授，但仍然无法在家庭中担当好爸爸这一角色。为了自身的成功而努力奋斗固然没错，但我们更应该留出一部分精力给子女。精心养育子女，使他们健康成长，绝不是一件没有价值的事情，它跟自身事业的成功一样，都是非常有价值的。

在学校我虽然是教授学生的老师，但是在家中我只是一个爸爸。我感觉到，成为一名好爸爸，要比成为一名好老师困难得多。

我曾经仔细分析过自己和女儿的对话。虽然对话在持续，但除了提问、回答和命令，没有任何分享个人感情的内容。也许大家为了生活而忙碌，导致了家庭中每个成员间的关系开始疏远。

妈妈忙着做家务，而身为爸爸的我也在帮忙做家务。小学二年级的礼恩则忙着做作业。妈妈脑子里想的是赶紧把家务活做完然后休息；我脑子里想的则是如何减少做家务的时间；而礼恩则将今天要做的事情列了一个清单，同样忙得不可开交。虽然偶尔会因为太忙而叹气，但我更感激大家都可以有自己的事情要做。

由于大家都有需要去忙的事情，所以平时很难一起享受闲暇的时间。对了！去年我们家多恩出生了。现在，在多恩睡着的时候，我们都会把做事的效率提高。因为一旦她醒了，我们就别想再做事了。

多恩在姐姐弹钢琴的时候总是爬到键盘上捣乱，当姐姐拿出作业本时又会拿起铅笔向姐姐走去；当妈妈拿起抹布走进洗手间时，多恩也会跟着走进去，紧紧地抓住坐便器；而当我把书整理好后，多恩就会把整理好的东西都打乱。不得不说，看着女儿活泼的样子，我感到十分幸福。另外，夫妻间的对话大多是在孩子们都睡着了之后才进行的。但更多的时候，在哄完孩子后我们便直接睡了。

在这种情况下，我和女儿对话的时间基本上是没有的。当孩子想要说什么时，我总会对她说“作业写完了吗”或者“作业写完的话先洗洗澡吧”之类的带有命令语气的话语。这样的对话其实并不算是真正意义上的对话。

只有身体和女儿在同一个空间的爸爸

不仅是我，相信很多爸爸都会在周末的时候看一整天的电视，又或者是一觉睡到中午，然后没精打采地度过整个周末。当然，他们也可以说这是跟孩子一起待了一整天。但是，他们跟孩子只是在身体上处于同一个空间而已，并不算是真正和孩子在一起待了一整天。

上面的这种情况，充其量只能算是子女走进了爸爸享受空闲时间的空间。又或者说，爸爸走进了子女生活的空间，并且在那里睡觉和看电视。不管怎么说，子女仍然是自己一个人。

作为爸爸，我们绝不应该放过任何可以同子女增进关系的好机会。很多爸爸都会问我在家的时候要如何同女儿一起玩耍，而每当听到这句话时，我都想反问一下，他们在工作中是怎么做到和同事们融洽相处的。爸爸应该和女儿一起分享闲暇时间，达到既休息又通过娱乐增进感情的效果。

有的爸爸为了成功，绝不会去拒绝别人的请求。但是，对于子女的请求，他们总会说“不，不行”。爸爸们，请记住，我们同女儿的关系并不是那种可以轻易拒绝的关系。

爸爸和女儿之间需要亲密感

我们在和别人谈话时，关系越亲密，就越容易集中精神倾听。有这种亲密感做基础，即使说话人的表达能力有限，也可以轻松地享受谈话的快乐。比如，上幼儿园的孩子会只听与自己亲近的人的话。

亲密感形成以后，子女会将父母的唠叨看作担心或叮嘱，当然也有可能会看作是对自己的质问或者单纯的唠叨。

与子女产生亲密感的最佳方法，便是给予他肯定以及良好的感觉。这时，和爸爸温暖的怀抱有关的一些小游戏就会起到很大的作用。这种小游戏不仅能给子女带去好感，还能对父母本身起到稳定情绪的作用。此外，这样的小游戏还能够成为父母和子女进行对话的坚实基础。

子女在学校和生活中不仅会遇到好事，也会遇到不好的事情。当遇到好事时，任何人都可以和她们一起分享；而遇到不好的事情时，却不是任何人都能够陪伴她们左右，替她们分担的。这就到了家人应该出马的时候了。

爸爸们，让我们成为一个能在子女疲倦或者不安时陪伴其左右的人吧。这个时候，一句温暖的话语就足以给他很大的帮助！

认同比理解女儿更重要

即使父母和子女之间，也有可能有不同的感受。这是我们经常忽略的一点。简单地说，就是爸爸认为好吃的食物，女儿可能不觉得好吃。

很多爸爸都没有意识到这一点。在和前来咨询的爸爸们谈话后，我发现他们之中的很多人都理解不了自己的女儿。

理解和认同有什么不同呢？我举个例子来说明吧。当女儿在空调房仍感到很热的时候，有的爸爸会产生“吹着冷风怎么会热啊？真麻烦”，也有的爸爸会产生“即便是吹着冷风，女儿也会觉得热，得想办法为她降温”这样两种不同的想法，而这便是理解（听明白字面上的意思）与认同（认同了这个想法）的差别。

不要把爸爸的想法强加给女儿

结婚前，恋人之间总会说一些“我爱你的一切”或者“我理解你”这样的话，但是，在结婚之后，曾经相互倾听对方心声的恋人们却会因为对方和自己的想法不一样而感到伤心。毕竟，大家都希望对方能够喜欢自己喜欢的食物、讨厌自己讨厌的东西。其实，爸爸和女儿之间也经常出现类似的现象。

当爸爸下了很大的决心带女儿去一家豪华餐厅吃饭时，女儿却说不好吃，比起说出“这里的食物可贵了”之类的话，爸爸更应该说些能够让女儿知道你认同她的感受的话，如“嗯，原来这里的食物不合你的胃口啊”。这样做的话，女儿就不会因为你不认同她的感受而不开心了。

我们必须认识到，女儿并不是你。因此，女儿可能会喜欢爸爸所讨厌的，也有可能讨厌爸爸所喜欢的。与其把自己的想法强加到女儿身上，还不如尽力去认同女儿的感受。这样做，能够更好地维持父女之间的关系。

另外，我们应该意识到，大人在有些时候会为对方考虑并适当地作出让步，但孩子没有那种经历，也没有为对方考虑的能力。

我们不能因为自己喜欢什么，就要求女儿也全盘接受。

爸爸们，请思考一下孩子和自己有哪些不同。不管是在选择要穿的衣服时、在商场购买零食时，还是在文具店选择学习用品时。在很多时候，女儿都有可能作出爸爸不喜欢的选择。

首先认同女儿的感情，展开对话

“我讨厌爷爷。”

“不能说那样的话！那样说多不好！爷爷不知道有多疼你呢！”

“爷爷经常捉弄我，你知道吗？”

“那是爷爷喜欢你才那样的。不要再说那样的话了！再说的话爸爸可要生气了。”

对话虽然简单，但如果对话每次都这样进行，女儿以后便会把自己的感情隐藏起来。当受到责备时，她的心里会想：“下次再也不会跟爸爸说了，我根本什么都没做错！”

在对话时，爸爸首先要认同孩子的感情，这样对话才能顺利展开，才不会伤害到对方的心灵。

我们可以尝试一下这样的对话。

“我讨厌爷爷。”

“原来你讨厌爷爷啊。”（认同女儿的感情）

“对。我讨厌爷爷。”

“这样啊。能告诉爸爸你为什么讨厌爷爷吗？”

“爷爷经常说我是小花猪。”

“原来是这样。你认为爷爷叫你小花猪是在捉弄你，所以生气了啊。”

“嗯，我很生气。”

“好。爷爷为什么会说我们敏儿是小花猪呢？爷爷要怎么做你才不会讨厌爷爷呢？”

“只要爷爷不再叫我小花猪就行了。”

“好的。那么下次见到爷爷你直接告诉他你的想法怎么样？你也

可以写信告诉他说：‘要是爷爷再捉弄我，我就不喜欢爷爷了。’”

当女儿的感情得到认同时，她就会觉得自己得到了理解，于是便会敞开心扉，并与爸爸一同寻找解决的办法。相反，当说出自己的想法却受到责备后，她就会产生再也不跟爸爸交流的想法。

成为妈妈的救援投球手

“礼恩！学校作业都做完的话，就去听今天应该听的英语磁带吧，然后再去做做习题集。”

“我休息一会儿再做。”

“从学校回来后，你已经玩儿够了，快去学习。”

“我很累。”

“不想学习还找借口吗？”

“妈妈，你什么都不知道！”

“别说话了，吃饭之前赶紧去学习。”

“我好讨厌学习。”

“妈妈要做的事情也很多，你以为我喜欢管你吗？我不想再说了，赶紧去学习。”

在很多家庭都会频繁地听到以上这种对话。也许大部分妈妈和女儿间的对话都是相似的。

结婚生子，抚养孩子，是夫妻共同的目标。但韩国的爸爸们普遍认为养育子女以及督促他们做功课只是妈妈的事情，跟自己没有什么关系。

爸爸是很好的伙伴

在家庭中，妈妈总是忙于做家务和照看孩子，因此可能会作出错误的判断和决定。男性与女性在性别上的不同，注定了他们必须弥补对方的不足，成为配合默契的伙伴。因此，爸爸可以使家庭中的问题得到很好的解决。

当妈妈和女儿之间无法进行融洽地对话，或者母女因为一些不必要的事情而发生争吵时，爸爸便需要给妈妈提供帮助了。一个值得信赖的爸爸，可以为妻子和女儿带来无限的幸福。

请仔细回想一下，在上文对话产生时，作为爸爸的你是不是总认为这不是自己该参与的事情，只是在一边看电视或浏览网络新闻，完全是一副旁观者的模样呢？

如果做为家庭一分子的你，真的是这样做的话，那么爸爸们，我们非常有必要检讨一下自己，看看自己是不是没有努力地去尽一个合格爸爸应尽的义务，也看看自己是不是连参与抚养子女的想法都没有过。

爸爸，让我信任你吧

日常生活中，女儿和妈妈之间总会有吵架的时候。作为爸爸，应该要在这种时候主动加入对话，起到调停作用。但是，事情往往会因为爸爸的加入而往更坏的方向发展。

让我们来看看下面这个例子吧。

女儿在和妈妈吵架后，爸爸对女儿说：“**爸爸好像也觉得妈妈的话是对的哦！所以你就不要吵了，赶紧去学习。一会儿爸爸会检查的哦！**”在听到这段话之后，女儿一句话也没说，静静地跑回自己的房间里学习了。整个气氛也变得安静起来。虽说从表面上看，在权威和力量的帮助下，问题仿佛消失了；但是从本质上看，问题其实还没有得到解决。

像这样的对话，与其说它是对话，还不如说它是一种命令或者指示。这样的对话不仅不能够从根本上解决矛盾，而且还会使父女之间的距离越拉越远，最终使女儿对爸爸永远地关上通往内心世界的大门。

另外一种情况便是爸爸提出了与妈妈完全相反的意见，站在了女儿那一边。

“光知道学习是不能成为真正的人才的，该玩的时候就应该好好玩儿。当她玩儿够了自然就会学了。”

“你就让她玩儿吧。”

当爸爸说出像上面这样的话时，虽说能让女儿觉得爸爸可以理解自己的感受，但是却会使妈妈觉得自己被无视了。当下次发生同样的事情时，妈妈估计再也不会想要爸爸来调停了。

在母女吵架的时候，爸爸的介入的确有着非常大的积极作用。但是，要是爸爸在调停的时候过度地偏向某一方，又或者是说出一些比较极端的言论，则不但不会使问题得到解决，还会使问题恶化，最后落得个两边不讨好的结果。

在职场生活中，与其他同事因为意见不合而发生口角时，你大概也不希望进来调停的人说出一些让人不知所措的言辞，又或者是偏向某一方吧？在你决定主动去调停母女争吵时，请务必记得这一点。

如何做一个既得女儿爱又得妻子疼的爸爸

首先，来看看妻子和女儿在为了什么而争吵吧。女儿觉得做作业做得有点儿累，于是便向妈妈提出了休息一下的要求。可妈妈不愿意，她想的是让女儿赶紧把作业做完。

在日常生活中，总有与自己意见不合的人。当两个意见不合的人碰到一起，他们的对话越是进行下去，就会越伤感情。相反，要是双方都不说话，各自冷静一段时间，矛盾往往会慢慢得到缓和。

当女儿在做某件事情做得很厌倦的时候，让她稍微休息一下，说不定能够让她更快地完成该做的事情。其实，这个道理对于作为大人的我们来说应该不会陌生。在职场中，我们总会遇到因为有一大堆事要处理而使心情变得烦躁的时候。此时，我们往往会暂时放下手中的工作，转换一下心情。等重新投入到工作中时，我们的工作效率一下子就上去了。

因此，作为一个聪明的爸爸，或许可以这样做。首先，可以对妻子说："你今天做了这么多事，一定很累吧。一直以来正是因为有你在，我们全家的生活才能够这么幸福。所以呢，今天你就休息一天，让我来监督孩子做功课吧！"

如此一来，不仅可以调停妻子与孩子之间的争吵，还可以使孩子得知爸爸会帮助自己完成功课而感到贴心。

但是，你要是觉得从那一刻开始，就可以直接批评女儿或跟她讲大道理的话，那就大错特错了。下面给你介绍一下正确的方法。首先，你需要观察一下女儿的情绪，并且说出一些能让她觉得你跟她有共鸣的话，如"功课好多啊，一定很累吧"等。只有那样，女儿才会放松自己的戒备，并对你敞开心扉。不管自己吃力的部分是哪里，作业是如何的多，女儿都会向你娓娓道来。这个时候，你需要做的，就是静静地听她讲完。整个过程大约不会超过3分钟。

在进行这个步骤时，最重要的一点便是确保你们之间的对话不会受到妻子的影响。简单说来，便是要找个妻子不在的场所来进行这段对话。毕竟，在孩子诉说自己的各种委屈时，很容易让妻子觉得那是狡辩并给予反驳。如此一来，会严重破坏整个计划。

在听完女儿的诉说之后，你要做的便是与她一道制定好顺利完成功课的对策。女儿要是想要休息的话，大可休息一会儿之后再开始做功课。此外，休息期间吃点儿小点心也是个不错的选择。绝大多数情况下，女儿都会在休息一会儿后乖乖地跑回房间做功课。

此外，也会出现女儿身体状态实在不太好的情况。比如说，她白天和伙伴们玩得十分开心，晚上回家身体累了，脑袋也感觉有点重。这个时候，需要爸爸做的便是好好观察女儿的身体状态，要是觉得她实在坚持不住的话，应该果断地让她上床休息。在女儿的身体面前，功课可以排在第二位，等第二天早些起床再补。

近年来，人们越来越强调爸爸在家庭中所承担的责任。其实，从某种程度上讲，这恰恰反映出爸爸们过去在家庭里并没有发挥出应有的责任。想必很多爸爸都曾下定决心要承担起好爸爸应有的责任，但让人失望的是，并不是每位爸爸都能做好。归根到底，这是因为大部分爸爸只搞懂了什么（WHAT）是爸爸的责任，但却不知道怎么（HOW）去履行这份责任。其实，在履行这份责任时，最重要的部分便是对话的方法。

通过有效的对话，爸爸们能够充分地认识到爸爸应该尽怎样的义务，以及如何去履行这份义务。虽说要学习对话方法绝不是易事，但为了家庭的幸福，为了自己心爱的妻子和女儿，爸爸们，你们一定要做好准备哦!

最近，总能从身边的人口中听到学校暴力事件的消息。每当听到这些消息，我的心里都会十分难受。其实，大部分的家长都不了解自己的孩子究竟有着怎样的烦恼。听到学校里传来自己孩子打人的消息时，这些家长总会说“我们的孩子怎么可能打人呢”或者“肯定不是我们的孩子干的啊”。不管是在电视上还是在报纸杂志上，总能够看到各种各样关于家长与孩子对话时间不足的议论。其实，不仅仅是父母与子女之间，在日常生活的每一个环节，对话都扮演着非常重要的角色。

爸爸们，赶紧张开你们的口打破缄默吧！一定要记住，你是妻子的助手，是女儿幸福生活的责任人！

搞不清对话意义所在的爸爸们

“两个或两个以上的人进行语言上的交流”，这是词典里对于“对话”一词的定义。所谓对话，就是指对话双方交流意见。虽说越来越多的爸爸开始努力让自己跟子女进行对话，但是，真正了解对话意义所在的爸爸却不多。单从词典里的定义就可以看出，对话的精髓在于交流。

“多恩，最近在幼儿园过得怎样？开心吗？”

“开心。”

“最开心的事是什么呢？”

“跟朋友们玩耍。”

“玩什么呢？”

“画画。”

“画画好玩吗？”

“好玩。”

以上是某个家庭晚饭时爸爸与女儿的对话。我自己也曾经历过这样的对话，而且去朋友家吃饭时也会经常看到类似的情况。在问完女儿喜欢干的事情之后，对话便戛然而止。

在我看来，这仅仅是一个个的问题与答案而已，并不是真正意义上的对话。根据字典里的意思，对话应该是相互交流的过程。也就是说，在对话里，应该包含着一定的内容或者是对话参与者自己的意见和看法。可是，上面的这段对话明显没有符合上述要求。说得更直白一点儿，上面的语句更像是调查问卷中常出现的内容。

不管是夫妻之间，抑或是父母和孩子之间，对话都应建立在能够各自表达心中的想法的基础上。很多爸爸并不了解对话的真正意义，误以为上面那种便是对话，并且还觉得自己已经尽到了经常和孩子对话的责任。

但是，上面的那种对话内容顶多算是一张调查问卷中出现的问题与答案。而且，谁知道这些问题是爸爸真正想知道的，还是仅仅为对话而对话呢？

那些一天到晚喊着要增加跟女儿对话时间的爸爸们，更多时候增加的并不是对话，而是提问。

面对着那些几乎没有任何意义的提问，大多数女儿虽说表面上回答了，心里却会产生厌倦感，甚至是埋怨。而正因为由爸爸们这种通过提问和教训来展开的对话，使得女儿长大后开始回避跟父亲说话，不管是青春期还是大学时期。

摆脱提问模式，进行真正的对话吧

很多爸爸都觉得女儿忽视自己，殊不知，其实是自己进行对话的方法不对。只有爸爸们摆脱那种提问者的姿态，才能够真正跟女儿进行心灵上的沟通。有时候，爸爸会因为女儿的敷衍而责怪她，但是，这样做一点儿正面效果都没有，反而会使女儿越来越讨厌跟爸爸说话。不仅如此，有些家长为了得到自己想要的答案，甚至会反复地向孩子重复同一个问题。这些做法都是十分错误的。

这个世界上，每个人的性格都不一样。如果孩子是那种内向型性格的话，他回答父母时的语句就不会太多。比如，你问他“喜欢吃什么呢”，他只会回答“雪糕”。当然，那些性格稍微活跃一点儿的孩子或许会给出更让父母满意的答案，如“雪糕，爸爸呢”。要是你的孩子属于后者的话，那么恭喜你，你跟他进行对话的难度不算太高。但是，要是你的孩子属于前者，那估计你在跟他进行几段像是问卷调查那样的对话后，两个人都会变得沉默。要是你没有充分准备好聊天的素材，只是随性地跟他对话的话，整个对话过程肯定会变成调查问卷式的一问一答。因此，在与女儿进行对话前，爸爸们必须用心选择那些能够与女儿进行充分交流的主题。

近年来，随着越来越多聊天工具的产生，人们对话的方式也变得多样。但是，无可否认，面对面的交流依旧是最具效率的对话方式。看着对方的表情，我们可以获得除声音以外的更加丰富的信息，这也使得我们能够更好地把握对方的情感与心情。毕竟，在面对面交流时，对方表情或者语调上的任何一丝变化，我们几乎都能够察觉得到。

对于经常和人打交道的爸爸们来说，女儿的心思是很容易看透的。她们虽然嘴上很乐意跟自己对话，但心里其实是不太愿意的。因此，爸爸们也仿佛挺识趣，减少直接跟女儿的对话，更多的是通过电话或者发短信的方式来跟女儿交流。但是，通过电话和短信根本就不能把各自的心情充分表达出来。

还有些爸爸平时工作很忙，业务很多，没有多少打电话的时间，所以干脆就只给女儿发短信。在他们看来，这样就已经算尽到跟女儿沟通的义务了。在这里，我必须再强调一下，电话和短信只能作为辅助手段，爸爸真正需要做的是面对面跟自己的宝贝女儿进行对话和沟通。

下面让我们来看一些能够帮助我们顺利与女儿进行对话的话题。

能够与女儿交流好的话题

- 谈一下各自心中最想去的地方。
- 谈一下周末想干什么。
- 谈一谈近期遇到的事情中哪件最烦心（学校生活、作业、补习班等）。
- 谈一下女儿最要好的朋友，说一下他的优点。
- 希望爸爸能为自己做什么事情。
- 希望妈妈能为自己做什么事情。
- 谈一下假期最想干什么。
- 谈一下老师最让人害怕的时候，以及最让人喜欢的时候。
- 谈一下跟父母一起做过的最开心的事。
- 谈一下最近读过的书。

正如前面所说的那样，对话是个互相交流的过程。因此，在与女儿分享上面这些话题时，爸爸不能光是听，还要发表自己的看法。

比如，当女儿说想去游乐场玩的时候，爸爸可以这样回答："爸爸小的时候也经常去游乐场的啊！那个时候，爷爷经常给爸爸买冰激凌，可好吃了！下次去游乐场，爸爸一定也给你买个冰激凌！"像这样，爸爸可以把自己的一些回忆和经验拿出来跟女儿分享。

因此，爸爸在跟女儿对话时，不要只是一味地去提问，一定要根据对话的主题与女儿分享自己的经验或者回忆，并且把自己的想法坦诚地告诉她。只有这样做，才能够使自己离女儿的心更近一点儿。

不要总是给孩子说教

跟关系好的同事一同就业务的问题交换意见，或是与心爱的人一起咬耳朵，是多么让人喜悦的事情。

但是，当一个年纪比你大的人对你的业务说三道四，又或者听着一个特别讨厌的人说着一些唠唠叨叨的话，即使内容再受用，听的人大概也不会觉得太好受吧。

很多时候，只要稍微说错一句话，就会遭到对方没完没了的唠叨。相信有过这种经验的人，都会尽力去避免这种情况吧。即便自己有很多辩解的理由，但是因为不想再纠缠下去，所以也只好把话咽回肚子里。

虽说在某些时候，爸爸有义务对孩子提出的问题给予回答。但是，如果回答的内容过于冗长，反而会弄巧成拙，使女儿产生强烈的厌倦感。

像这样的爸爸我见过太多了。记住，跟女儿说话千万不要太唠叨。举个例子，要是女儿问你“为什么水放进冰箱之后会结冰”，你最好的回答应该是“水在受热之后就会跑到空气里去，受冷之后便会变成冰块”。

但是，要是你真的花超过10分钟时间给女儿详细讲述物质的3个状态的话，得到的结果往往只会让你失望。当然，不排除一部分女儿有足够的知识基础去理解爸爸所作出的详细回答，但更多时候过长的回答只会使女儿觉得自己的爸爸是个话痨。

这个时候，很多爸爸会对女儿所表现出来的态度不满，有的甚至会对她说“重复一下爸爸刚才说过的话”。你要是这样做的话，结果只有一个，那就是让女儿在心里暗暗发誓：“再也不会问爸爸问题了！”

如果问上幼儿园或者小学的小女孩最讨厌什么，她们的回答大多不出三样：补习班、废话以及功课。这一点，作为父母是一定要清楚的。

虽说女孩在婴幼儿或者小学时会抑制着自己的欲望以及情感，表现出一副顺从的态度，但随着青春期的到来，她们便会开始有自己的判断，对一些事物进行反抗（近年来有提前的趋势）。

面对着孩子日渐奇怪的态度，我们不应该只单纯地问为什么，而更应该检讨一下自己之前对她的态度是否有问题。

回想一下，我们是不是总在用一种要求、命令、逼迫的态度去跟女儿说话（即便是为了她好）？不妨换位思考一下，要是有人命令你吃自己不爱吃的东西，你不吃的话他就会逼迫你去吃，你的心里会好受么?

我是哪种类型的爸爸呢

“爸爸，我好害怕！能不能跟你一起睡？”

“都小学了，怎么还害怕自己一个人睡觉呢？更何况我跟妈妈都在屋子里，有什么好怕的。”

“就是害怕嘛！”

“真服了你了，那好吧，今晚爸爸跟你一起睡。”

多恩在电视上看完一部恐怖片后，非常害怕。在房间跟她一起睡的时候，她真的紧紧抓着我的手不放。为了让她感到安心，我轻轻用手拍了拍她的背。多恩一生下来就比别的孩子要轻，所以从小我就很宠爱她，生怕她出一点儿意外。现在，我有时会感叹她已经长大了。但是，那晚看着惊魂未定的她，我深深地感觉到，作为爸爸，我还有很多事情可以为她做。

很快，我也不知不觉有了困意，而身边的多恩早已经进入了梦乡，之前一直紧抓着我的那双小手也不知道在什么时候放开了。看着她睡觉的样子，我觉得眼前的多恩就是一个完美的艺术品。

就在那个瞬间，我突然对自己之前对多恩的态度产生了愧疚感，并且不断地问自己，为什么这么简单的事都做不到呢？

在女儿因为感到害怕而想要和你一起睡觉时，你会作出怎样的回答呢？下面，我给大家介绍一下两种类型的爸爸。

无视型爸爸

“爸爸，我好害怕！能不能跟你一起睡？”

“有什么好害怕的？赶紧睡觉去！”

“就是害怕嘛！”

“我待会儿就关灯了！赶紧做好睡觉的准备！”

爸爸把房间的灯关掉后，用洪亮的声音跟女儿说道：“不要出来，赶紧睡觉！”

听到这话后，女儿跑出了房间，大叫道：“爸爸真坏！讨厌死你了！呜呜呜……”

看到这个情景的爸爸，瞬间就来火了，大声吼道：“你干嘛呢！还不赶紧回去睡觉！”

讲道理型爸爸

“爸爸，我好害怕！能不能跟你一起睡？”

“世界上是没有鬼的。”

“谁说的！有！所以才害怕！”

“鬼故事都是编出来的，都是骗人的。刚才在电视上出现的不是真的鬼，是演员。”

“但是我还是害怕，怎么办？”

“傻瓜，没必要害怕。因为这世界上根本就没有鬼。”

谁都会有伤心、难受或者感到吃力的时候，而这时，我们都渴望获得家人、同事或者朋友的安慰，从而使自己重新充满面对困难的力量。

在众多安慰的方法中，一般人都会选择通过语言来安慰。虽说一句话或许很简单，但对于那些需要安慰的人来说，短短一句话也是一剂非常有效的良药。

当然，女儿也会碰到一些用简单的一两句安慰缓解不了忧伤的情况。在这时，爸爸最应该做的便是站出来，跟女儿一同去做某件事情。做什么事情无所谓，最重要的是让女儿感觉到自己并不是一个人，身后还有爸爸。

让我们做一个能在女儿伤心时给她送上安慰、开心时给她送上祝福、感到吃力和疲倦时给她送去激励的爸爸吧！

女儿与妈妈产生矛盾，爸爸来安慰

晚上9点回到家，一进家门，我便闻到了浓浓的火药味。妻子双手叉着腰，红着脸，大声教训着女儿。礼恩虽然还只是个小学生，也毫不示弱，一句句地与妈妈对着干。最终，整个争吵以妻子一边用力把礼恩的房门关上，一边说“你爱干嘛干嘛”而结束。

礼恩一边蜷缩着躺在床上，一边大声哭泣，且看不出任何停止的迹象。再深入观察，我发现礼恩的哭泣反映的不仅是伤心，还有生气。整个气氛不允许我说任何话。

于是，我做好睡觉的准备，静静地把女儿的房灯关上，躺在了女儿身边。

“你现在应该是又生气又伤心的吧？”

“嗯。”

“跟妈妈吵架了？”

“我也不是故意考得不好的啊，为什么总是这么生气，就知道让

我去学习。而且，我说什么她也不听，就知道骂我。看来妈妈是真的很不喜欢我。”

在听到这句话的瞬间，我恍然大悟，昨天听妻子说过今天学校有个考试，估计就是因为这个原因两个人才吵起来的。妻子一生气就会得理不饶人，而礼恩的态度估计也不太好，所以才导致了现在这个结果。

“有这样的事啊！你肯定有很多话想跟妈妈说吧？不如你把爸爸当作是妈妈，然后把想对妈妈说的话都对爸爸说说。”

“这样真的可以吗？”

“当然。”

“那也好，对着爸爸，也不会太生气。”

就这样，礼恩把自己的感受完完全全地说了出来，用了超过10分钟的时间。看来，今天的争吵其实是源于女儿对妈妈长期积累下来的不满，考试成绩差或许只是个导火索。女儿的不满，大概有以下3个方面：

♦ 虽然不讨厌妹妹，但妈妈却经常因为妹妹的原因而骂自己。

♦ 在家要做很多的功课，吃力之余已经产生了很强烈的厌恶感。

♦ 妈妈一天到晚只会教训自己，从来不称赞自己，认为妈妈讨厌自己。

看来，今天女儿伤心的原因并不只是因为考试不好被妈妈骂。我听妻子说，她之所以对礼恩这么生气，是因为她在考试前一天才刚给礼恩补习过，而且教的也是差不多的题，没想到在这样的情况下礼恩还是做错了。我想，要是没有听礼恩说自己的感受，或许我也会坚决站在妻子这一边，教训礼恩“以后注意不要再犯同样的错误了”。

在跟我倾诉的时候，女儿的泪痕不知不觉干了，讲到兴起时还会笑。看样子，她心情平复了不少。于是，我问了一下她为什么会做错那道题。女儿说在考试时一紧张，就完全忘了妈妈是怎么教的，于是便按自己的方法去解答，结果做错了。虽说女儿现在已经停止了哭泣，但我看得出，她的心情还没有完全变好，因为她还是觉得妈妈讨厌自己。

既然我已经变成了妈妈，在听到了她想说的话后，我觉得自己也有必要说一些她想听的话，于是问礼恩：“你想听妈妈跟你说什么？”

礼恩听了之后，随即说道：**“有一次，妈妈让我把铅笔都放回笔筒里面。可是我刚放进去，妹妹就把笔筒里的笔又给倒了出来。刚好那个时候妈妈走了过来，看到书桌上的铅笔，她很生气地对我说，‘难道没听见我的话吗？’后来，我跟妈妈解释说是妹妹弄的，她一句‘对不起’都没说，就说了句‘知道了’。妈妈这么做真的让我很伤心。**

“另外，每次在家里做功课，妈妈总是给我安排各种各样的附加任务。正当我好不容易做完学校的作业以为能够稍微休息一下时，她便会跟我说‘再做点儿其他的练习吧’或者‘别玩，练钢琴去’之类的话。妈妈总是让我觉得有无穷无尽的事情要做，正因如此，我才不愿意这么快把作业做完。

“还有，我的一些朋友要是考试拿到100分，他们的妈妈就会买冰激凌给他们吃，又或者是给他们买喜欢的文具。而我考试拿到100分时，妈妈不但不给我买我喜欢的文具，甚至连一句称赞都没有。但是，要是我做错了一道题的话，她却会给我安排更多的附加练习。”

听完女儿的这番话，我轻轻地抚摸着她的头，对她说道：“之前笔筒那件事，妈妈没搞清状况就责怪你，很对不起。每次做完作业想要休息时，却被妈妈安排更多的作业，一定很不好受吧？本来就是好不容易才做完作业，休息的时间还被妈妈给剥夺了，实在是太可怜了。亲爱的，以后你做完作业就做自己想做的事吧，想休息就休息，想玩就玩。另外，每次你考满分时，妈妈其实都是十分自豪的，而且也经常跟身边的朋友炫耀自己的女儿有多聪明。还有，即便是错了一道题，你也是非常优秀的，对不起。”

虽说我只是在扮演妈妈，但听完我的这番话后，女儿的态度变得十分真挚，开心地对我说道：“我知道了，爸爸！”

“就是说，你接受妈妈的道歉了？”

“可妈妈真的是这么想的么？”

“嗯，应该是这样的。刚才妈妈可能是因为太生气了，所以礼恩的话她一句都听不进去。不过爸爸能肯定，虽然平时没什么机会说，妈妈心里也肯定是很喜欢礼恩的。今天你跟我说的话需要帮你传达给妈妈听吗？你要是不想的话爸爸也可以不跟妈妈说。说了这么多，现在心情怎样？”

“要是妈妈能像爸爸这样静下心来听我说话就好了。”

“爸爸也是这么想的。但是，刚才跟妈妈吵架的时候，礼恩有什么做得不对的吗？”

“有，刚才跟妈妈吵架的时候，我对她很没礼貌。看见她发火，我也发火了。”

“你妈妈是个很容易发火的人，而且一发火声音就会变得很大。我觉得呢，你们两个人都有做得不对的地方，所以应该各自跟对方道歉。”

“爸爸，那要不我现在就去跟妈妈道歉？”

“估计妈妈这会还没消气呢。要不你把道歉的话写成一封信吧，爸爸帮你交给妈妈。”

在给妈妈写完信后，礼恩乖乖地回床上睡觉了。我走出房间，把信拿给了妻子看，并且把礼恩伤心的原因告诉了她。妻子意识到了自己的错误，给我分析了一下自己哪里做得不对。听完，我便让她把这段话原原本本地说给礼恩听。

妻子随即走进了礼恩的房间，并跟她聊了好一会儿。虽说我站在门外，听不清楚她们具体在说什么。但是，通过聊天声音的强弱可以很明显地听出此时的情况跟我刚下班回家时完全不一样了。

解决矛盾的主体不是爸爸

在设法解决女儿与妻子之间矛盾的时候，爸爸一定要清楚自己需要扮演什么角色。当然，以保护者的姿态主动去直接帮助女儿并没有什么不对的，但是担当一个引导的角色让女儿自己去解决矛盾才是最好的方法。

女儿将来终归是要离开学校步入社会的，在那个时候，她会遇到各种各样的问题。为了能让她以后遇到问题时能更好地处理，最好从小就培养她自主解决问题的能力。

有一部分爸爸，他们在自己的孩子遇到困难时会立马站出来，把孩子拉到自己的背后，这样的做法只会使孩子养成一种爱依赖他人的习惯。这不但无法使孩子健康成长，更有可能害了孩子。因此，爸爸们，你们一定要做好这个引导的作用，让女儿自己去解决与妈妈的矛盾。

孩子本身是有解决问题的能力的。作为爸爸，一定要好好培养孩子的这种能力，让他能够真正健康地成长。

生气的时候，即便是好话也很难听进去

在上面所说的那个故事里，爸爸做得最好的一点便是让女儿把自己想说的话都说出来了。但是，万一女儿在与妈妈争吵的过程中已经把自己想说的话给说出来了，结果妈妈不但没有反思，还反击道“那你自己又是怎么做的呢”的话，该怎么办？这个时候，女儿肯定希望得到来自爸爸的安慰，因此，爸爸在这种情况下应该好好审时度势，尝试以一个正确的方法去解决这件事。

在女儿发火的时候，与其说太多的话，还不如好好地整理自己的想法，并且与女儿进行真正的交流。在交流的过程中，爸爸需要注意

的是，不能光想着把自己的想法传达给女儿。这也是爸爸在和女儿聊天时最容易忘掉的原则。因此，爸爸们一定要摒弃“因为自己是大人，所以只需要女儿单方面接受我的训话”这种思想。

不知道你有没有听过角色扮演这个游戏？这个游戏能够很好地使双方都听到各自的声音，并且得到来自对方的安慰。简单地说，就是让父母去扮演孩子的角色，让孩子去扮演父母的角色，并且即兴地进行对话或者演情景剧。这种游戏经常会出现在一些调解家庭矛盾的电视节目里。在游戏过程中，父母站在孩子的立场上，会感觉到孩子有多么吃力，有的父母甚至会惭愧地哭起来。而另一方面，饰演父母的孩子也会在某种程度上理解父母对自己的好。

毫无疑问，绝大部分父母为了自己的孩子肯定都会费尽心思、绞尽脑汁地给他创造一个良好的成长环境。但是，大部分孩子并不知道父母的良苦用心，有时甚至会因为父母的过度要求而感到力不从心。这时候，父母也应该回头想一想，自己对孩子究竟有着什么样的期待。

与妈妈的胜负关键在于话题

事实上，大部分的家庭里，负责子女教育的都是妈妈。虽说近年来很多爸爸也开始关注对子女的教育，但具体到天冷要添衣以及回家一定要穿拖鞋等生活习惯的培养方面，起到最主要作用的依然是妈妈。

当女儿问道“现在我要干什么”时，妈妈或许会让她先休息一下，然后把作业做完，又或者是仔细想一想，准备好学习要用的东西。总之，妈妈给出的答案总是一条一条规定得很清晰。但同样的问题让爸爸去回答，答案却完全不一样。大多数爸爸面对这样的问题，都会回答“你想干吗就干吗呗”。

这样的情况，即使是在大部分双职工家庭也一样。女儿做作业碰到不懂的问题时，第一个想到要去问的便是妈妈。而要是妈妈让她去问爸爸，女儿大多会有点儿怀疑地说“爸爸也会吗”。总而言之，在大部分女儿心中，妈妈对自己的影响远大于爸爸。

如今已经进入了创意比单纯的知识更重要的时代。而创新能力高的孩子和创新能力低的孩子的家庭环境中，最大的不同便是爸爸对于子女教育参与度的高低。爸爸积极参与到对子女的教育中，不仅可以分担妈妈的压力，更能成为送给孩子的一份礼物。在参与教育的同时，爸爸与孩子对话的机会自然也会增多。要记住，与孩子对话是成功建立起良好亲子关系的最重要一步。

妈妈与女儿都聊些什么呢

让我们来看看妈妈和女儿一般都聊些什么吧。女儿从学校或者幼儿园放学后回家，在见到妈妈的一瞬间，她与妈妈的对话就已经开始了。

母女俩一般都从学校或者幼儿园发生的琐事以及回家后要干的事开始聊起，从这些内容开始，母女俩的对话内容开始延伸。范围从让女儿洗手之后再吃零食到检查作业，可谓是无所不谈。

由于妈妈是女儿生活中最主要的管理者，所以她们之间有着很多关于日常生活的共同话题，而且谈话的素材也很丰富。此外，妈妈在和女儿聊天的同时，还能为女儿出谋划策，替女儿排忧解难。从这个角度上看，妈妈在跟女儿的对话中起到了非常积极的作用。

爸爸要在别的主题上体现自己的优势

由于在日常生活的主题上妈妈已经占据了绝对的位置，爸爸要想和女儿亲近，就必须从其他主题入手。既然现在爸爸也有足够的时间跟女儿对话了，所以不能够单纯地重复妈妈所说的话题。爸爸所需要做的不是把妈妈的一部分主题归为己用，而是要在别的主题上体现自己的优势。由于妈妈在和女儿聊天时，内容是女儿生活的全部话题，所以难免会有些领域缺乏深入的探讨。因此，爸爸可以尝试在一些深入且多样的主题上下工夫。

作为爸爸，可以尝试挑战下面这3个活动。

♥ 试着从阅读活动中开始对话

女儿读过的书，爸爸也试着去读读吧！最近出版的图书在质量和内容上都有了很大的提升，即便是幼儿读物或者小学生读物，成人读起来也会觉得很有意思。因此，爸爸可以尝试去阅读女儿读过的书，并跟她讨论一下书中出现的内容。比如，让她当作者，她会选择怎样的结局，又或者让她设想一下自己有了像书中主人公那样的遭遇心情会怎样等。

这样一来，爸爸不仅能够很清晰地了解女儿的想法，也能够把自己的想法传达给女儿。更重要的是，比起毫无预兆地坐到女儿面前对她说“我们来聊天吧”，以这样的方式开始对话显得更加自然。

虽说由于女儿年纪还小，对话内容也不会太长，但通过这样的互动，女儿能够不断地成长。

在整个过程中，有一点是需要爸爸们注意的，那就是不要把成人的思考方式强加在孩子身上。毕竟这不是一个考试，没有绝对准确的答案，只需让孩子表达出自己的所想就行。

♥ 试着去讨论一部电影

即便是大人，在一起看完一部电影之后，也会就这部电影里面的情节、主人公以及场面讨论好一阵子。因为电影时间虽短，但所涵盖的信息量非常大。甚至可以说，一部好电影比千言万语都更能打动人。

跟孩子一块去电影院吧！不仅能一起看一部好电影，还可以在回家的路上就刚看完的电影聊上好一会儿。

这个过程中需要注意的是，不要把自己的想法强加在孩子身上。爸爸在整个对话中应该尽可能地营造一个能够与孩子相互交流的氛围。只有这样，才能把想法更加直率地传达给孩子。

《五岁庵》是部很不错的动画电影，我就曾经和我的孩子一起去看，之后还聊了很长时间。我想，不管是上幼儿园还是小学，只要是个孩子，都能从这部动画中领略到很多东西。

要是能把妈妈也拉上的话，或许这部电影就能成为整个家庭很长时间内的一个共同话题。

让我们多带孩子去电影院吧，每个月挑个周五的晚上去一次怎么样？通过看电影，我们可以摆脱日常生活的枯燥，进入到更加多元的话题当中。当然，还是那句话，不要把自己的思考方式强加给孩子。

♥ 通过绘画活动来发现孩子心里想什么事

让我们拿起一张画纸，准备几支彩色铅笔，与孩子一边画画一边聊天吧！

或许，很多爸爸会说“啊？我画画不好呀”。但是，这里所说的绘画活动，强调的并不是你画得有多好看，而是在画画的过程中与女儿对话的机会。也就是说，这个活动跟你的画画水平一点关系都没有。

绘画活动可以与上面说到的阅读活动结合起来，当然，你也可以采取一种比较自然的方式来与女儿直接进行这个活动。你们可以各自为对方画肖像，也可以画出各自想要拥有的礼物。在画画的过程中，你们很自然地就会展开对话。

通过这个活动，你可以知道女儿最近在想什么、在关心什么。活动的目的并不是要得到一幅完美的作品，而是通过绘画的内容来展开对话。即便只是随便画两笔，也可以找出很多可以聊的东西。

当孩子还在上幼儿园或者小学的时候，父母一般都会觉得他们想的东西不会太多。但是，对于这个年龄段的孩子来说，即使是身边再琐碎的事情也会让他们感到很在意。不仅仅是交友的问题，还有跟老师相处的问题，甚至还有跟自己妈妈相处的问题。有时候，他们的烦恼连爸爸都难以想象。

对于年幼的孩子来说，他们从小到大就被父母灌输“不惹事就是好孩子”这样的理念，使得他们在学校里遇到不愉快的事情时，可能不会对别人说，只会藏在自己心里独自承受。因此，爸爸需要做的，便是帮孩子排解藏在心里的这份委屈。

礼恩在上幼儿园的时候，曾经因为自己的一个捣蛋的朋友而感到非常不开心。虽然她跟老师和妈妈都说过，但得到的回复都只是“一定要跟朋友好好相处哦”之类的话。由于没法排解自己的苦闷，礼恩只能够把这些委屈憋在心里，终日摆出一副很烦恼的样子。也正由于这个原因，礼恩开始不喜欢去幼儿园。有时候，我去幼儿园接她时到得晚了，她就会异常伤心。看着自己的女儿伤心，我自己也不好受。

后来，我主动跟老师谈了一下礼恩的事情，最终顺利地解决了礼恩在跟朋友交往时感觉难受的问题。对于孩子来说，最开心的并不是跟朋友交往不再难受，而是知道了爸爸原来一直都在身边支持自己。

一定要记住，作为爸爸，一定要发挥出上面所说的作用。

第二章

和女儿成功展开对话的秘密手册

倾听和答应

正在院子玩耍的礼恩发现了我，大声叫道：**“爸爸！”**

“礼恩，怎么了？”

“我再玩一会儿可以吗？”

“好，玩吧。”

说完这句后，我发现正在屋里抱着小女儿的妻子脸色突然沉了下来。我见情况不太对，连忙低声下气地跟她说道：**“我看孩子作业挺多的，不如先让她好好玩会儿，等吃晚饭之后再做作业？”**可是，妻子还是一声不吭，死死地盯着我。我由于上了一整天班，也没什么心思继续跟她交涉，于是便默默地转过头，对着正玩得开心的礼恩说道：**“礼恩，别玩了，回家吧。”**

“可是，爸爸刚才不是说可以再玩一会儿的吗……”

“你不是已经多玩了一会儿了么，回家吧。”

吃完晚饭后，礼恩回房间做功课，但我看她走路时好像有点不自然。

“你怎么了？脚不舒服吗？”

“爸爸，我肚子疼。”

听完礼恩的话后，坐在我旁边的妻子立马回道：**“你刚才玩的时候还好好的，回家后就开始闹情绪了，现在让你去做作业你跟我说肚子疼？”**

可是，礼恩的脸色看上去还是不太好。

“你还做不做作业了？”

“做做做！我做就是了！”

看着礼恩坐在书桌前的样子，妻子瞬间发火了，嘲她吼道：“干**什么呢你！肚子疼就别做了！赶紧洗洗睡！”**

于是，礼恩收起了作业，走进了洗手间。看到礼恩在洗手间里迟迟不出来，我担心地再次问了一句：**“怎么了？还很疼吗？”**

礼恩什么话都没说，不久之后便从洗手间出来了。我拉着她的手，扶她到床上，躺在了她的身边。礼恩躺在床上，右手捂着肚子，看上去十分痛苦。

“现在肚子还疼吗？”

“不，现在好一点了。但是爸爸，我平时经常哭么？”

“不啊，礼恩挺坚强的。谁说礼恩爱哭了？”

“朋友们都说我爱哭，我很不开心。”

换作是以前的我，或许会说“现在已经很晚了，该睡觉了，有什么想说的等明天再说吧”，或者说“没有啊，你没有经常哭啊，别把这事放在心上，赶紧睡觉吧”。女儿肚子难受，我还无视她对我说的话，现在回想起以前自己对女儿所说的这些，觉得十分愧疚。

在听到礼恩的心声后，我进一步与她交谈。就这样，她把一直憋在心中的各种各样的不快都告诉了我。看来，朋友们所开的玩笑确实对礼恩伤害很大。礼恩说着说着，眼睛泛起了泪光，跟妈妈争论时那洪亮通透的声音消失了，此时发出的是因为哽咽而变得有些沙哑的声音。接下来，她又告诉了我自己是怎么对待那些笑话自己的朋友的。

我一只手为礼恩擦眼泪，一只手抚摸着她的头，轻声说道：**“果然是我的好女儿，做得好！”**

礼恩也放开了刚才一直死死抱着的玩偶，双手把我抱住，说道：**“爸爸真好。”**

听到这句话后，我也忍不住流下了眼泪。

虽然我总是说“爱女儿啊”“疼女儿啊”之类的话，但每次女儿跟我说话，我都没能静下心来把话听完。每当她话说到一半时，我就会把自己想说的说出来，打断她的话。虽说我自己也觉得不太好，但我却总以工作太累、日常生活压力太大为借口来轻易地为自己开脱。

其实，我们在跟别人说话的时候，是很难让别人把话说完的。即便是在与自己的家人说话时，相比较倾听家人说话，我们更偏向于把自己的想法表达出来。在跟子女聊天时，这样的倾向更加明显。每当子女想要说话时，我们总会不自觉地打断他们，说一些如“我知道了，不用说了”“我都说我知道了”的话。这样的做法相比较与子女对话，更像是不让子女说话的表现。

在这样的环境中长大的孩子将来会怎么想呢？不错，他们一定会觉得根本没有必要跟父母说话。进入青春期后，因为每次跟父母说话后都会觉得郁闷，所以他们干脆避免跟父母说话。要知道，只有多次从与父母的对话中获得理解与安慰，孩子才愿意把自己的烦恼与苦闷告诉父母。很可惜，现实中的很多父母都没有给孩子足够的信心。

近年来，孩子的生活变得十分忙碌，不管是在家还是在学校。每天起床后得忙着准备去上学，从学校回家后又得忙着写作业、整理书包等。到了学校要忙着上课，而且还要分心于处理那源自同学间的竞争。因此，对于这些孩子来说，几乎没什么时间能向朋友或者家人倾诉。

光是跟别人倾诉就已经够困难的了，更何况是听别人说话呢？因此，对于他们来说，能找到一个能够听自己倾诉的人已经是件非常幸福的事情了。

爸爸们，让我们先做一个能够静下心来听女儿倾诉的人吧！只有先把说话的机会让给女儿，我们才有可能让女儿听自己说话。当然，对于大部分人来说，这是很难做到的一件事。毕竟，别说是年纪这么小的女儿，就连和身边的朋友说话时，大部分人都会争取先把自己要说的话给说完再听对方说。

要想成功地展开与女儿之间的对话，爸爸们必须先摆出倾听的姿态。就像喜欢谦逊的人那样，人们也都喜欢那些愿意去倾听的人。对于女儿来说，她们跟爸爸对话并不是一开始就以解决自己的烦恼为目的，而只是想找一个人听自己倾诉而已。因此，爸爸们首先要做的是坐到女儿面前，认真听她说话。

只需短短5分钟，你就能知道女儿想做的是什么、想要爸爸帮自己解决的是什么。

让我们好好想想下面这句话的意思吧：

“对话即倾听。”

一些能够让你更加好地做女儿的“听众”的建议

- 跟女儿坐得尽可能的近。
- 看着女儿的眼睛。
- 听女儿倾诉时适当使用“真的”“原来是这样啊”以及“好样的”等能让女儿知道你在认真听她说话的语句。
- 听的同时握住女儿的手或者搭着她的肩膀。
- 女儿在说好笑的事情时要笑，说伤心的事情时要作出伤心的表情。
- 不要一味地要求女儿接受自己制订的解决方案。

女儿讲话时，要放下手中的事情

一天，我正在家里看棒球比赛的电视直播，女儿朝我走了过来。

“爸爸，我很不开心，淑珠说我是骗子。”

“是吗？”

“所以我让她不要说那种话，而且还告诉了她我不是骗子……爸爸，你听我说话了吗？”

“嗯，我在听，继续说吧。”

“爸爸，你骗人！你没在听！”

“我在听啊，你不是说在和淑珠玩吗？虽然我在看棒球比赛，但还是在听你说话的。”

“再也不跟你说话了！”

这样的情况，相信每个爸爸都遇到过。不对，应该是随时都会发生的事才对。试想一下，你是否试过在玩电脑游戏或在看书的时候被女儿拉着说话？对于每个爸爸来说，这样的情况应该都不少。

在大部分父母看来，当孩子碰到一些小事情时的感受，都不算什么太严重的事情。因此，父母很容易忽略孩子的倾诉，以至于伤害到孩子的感情。

这种情况发生在爸爸身上更为频繁。当爸爸们在看报纸、电视又或者是玩电脑时，他们总会忽略掉女儿跟自己说的话，就像上面说到的那个例子那样。更有甚者，甚至会对女儿发火道："没看见爸爸正在忙吗？爸爸现在没时间跟你说话，等我忙完再说吧！"

正是由于父母经常敷衍自己，女儿以后再遇到伤心的事情也不会跟父母说了。

另外，爸爸的这种敷衍态度不仅会伤害父女间的感情，还会伤害到夫妻之间的感情。试想一下，妻子每天都在为子女的事情尽心尽力，回到家里，看到自己的丈夫只顾着看电视、看报纸或者玩游戏，会是什么心情？

爸爸们，当女儿有话要说的时候，放下我们手中的事情吧！你要是在看电视的话，请把电视关掉；你要是在用电脑的话，请把电脑关掉；你要是在看书的话，请把书合上。记住，放下你手中的事情，坐到女儿面前，看着她的眼睛，耐心地倾听她说的话。

在听女儿对话的时候，我们不能对女儿说"你必须这样做"之类的话，而是应该看着她的眼睛，时不时点下头，耐心地听她倾诉。在说出自己的解决方案前，必须好好听女儿说话，充分了解她的想法。只有知道女儿是因为伤心而不开心，还是因为生气而不开心之后，我们才能够说出合适的话，让她觉得爸爸理解自己。等女儿说完自己的话之后，你再提建议也不迟。

放下手中的事情，花五分钟的时间静静倾听

很多父母总是说对话很重要，却很少抽时间听孩子的倾诉，即便是真抽时间去倾听了，态度也不太认真。

让我们抽出5分钟的时间，充分地去倾听一下女儿想要说的话吧！爸爸应该安静地坐在女儿的旁边，认真地听她说话，时不时点一下头，说些“就是就是”和“原来如此”之类的附和的话。在女儿说完自己的话后，爸爸再说自己想说的话。

看到这段文字的爸爸们，不要随便看一下就算了，一定要把这段文字记在心里。而且，要是不实践的话，读一百遍也没用。

孩子也会受伤

爸爸不听自己的倾诉或者只是敷衍地回答，都会给女儿心理造成很大的创伤。这样做，会让女儿产生“看来爸爸非常讨厌听我说话”“爸爸根本就不关心我”或者“爸爸根本就不爱我”等消极的想法。相反，要是爸爸放下手中的事情，耐心地听女儿倾诉的话，就能让女儿感动，产生“爸爸还是很重视我的”“爸爸对我很上心”以及“爸爸在努力地尝试了解我”等积极的想法。

当然，你要是不仅不搭理女儿，还责备女儿妨碍你，就会给女儿

造成更大的心灵创伤。

可是，大人可能永远也不知道自己的话会给孩子造成如此大的创伤。身体上的创伤随着时间的推移会逐渐减退，而那种心灵的创伤即使过再长时间也依旧存在。每当触碰到这些隐藏在内心深处的创伤的事情时，痛苦甚至会加倍。

暴力，指的不仅是身体上的暴力，还包括漠视以及冷待。

对父母来说并不起眼的事情在女儿眼里却是大事

女儿日常生活中碰到的事，对很多爸爸来说可能都不过是些鸡毛蒜皮的小事。但是，正是这种漠视的态度，往往会使女儿长大后产生一系列的问题。所以，各位爸爸一定要注意。

近年来，有越来越多的校园自杀事件出现。在这些事件中轻生的孩子，大多是因为无法排解心中的苦恼与烦闷而最终选择了自杀。很多时候，正是一些在大人们眼中并不算什么大事的事情，使孩子承受了过多的压力。

很多孩子在面对这些苦恼时，都不愿意与父母倾诉，而是选择自己默默地承受。那些正在上幼儿园或小学的孩子正在处于心灵极度敏感的时期，任何琐事都有可能给他们带来苦恼。而且，由于语言能力还不算太高，他们还不太可能把自己心中的苦闷准确地表达出来。因此，每当他们想要跟父母倾诉时，父母可能会不耐烦地回答道“这是很正常的事情啊”或“没必要太在意”。这样冷漠的回答往往使孩子不愿意再张嘴向父母倾诉。

学习一下心理咨询师的对话态度

最近，随着心理咨询在人们日常生活中所扮演的角色越来越重要，心理咨询师这个职业开始流行起来。而所谓心理咨询，其实就是指为了解决某个问题一起讨论以及交换意见。

在跟心理咨询师对话的时候，他所做的并不是为你解决实际问题，而是从心理上起到一个治疗的作用。而治疗的形式，便是对话。

要想成为一名心理咨询师，是要通过长时间的学习与训练的。因此，他们在对话时的态度以及内容，无不饱含着丰富的知识。另外，他们为了更好地开展自己的工作，还会不断进行自我进修。

因此，心理咨询师也可以算是个对话高手了。现在，就让我们来看一下心理咨询师认为在成功的对话里必须拥有的态度以及品质吧！

♥ 真诚

在通过对话交流意见时，我们要做的并不是那种简单的问答游戏，而是真诚地参与。参与对话的双方都需要把自己的想法准确地表达出来，相互间进行有效的沟通。只要做到这一点，就能在对话中给对方带来心理上的慰藉。

在跟女儿对话时，很多爸爸都会一边做着手中的活，一边敷衍地答话。其实，这也是可以理解的，毕竟想要爸爸每时每刻都非常认真地与女儿聊天是不太现实的。但是，当女儿真的出了什么问题，又或者是气氛变得非常糟糕的时候，爸爸一定要抱着真诚的态度去跟女儿对话。此外，当女儿脸色阴沉或者是发火时，爸爸更要把自己的态度调整到最为认真的程度。

♥ 信赖

要是在对话的时候对咨询师产生怀疑的话，会有什么结果呢？没错，就是没法真诚地吐露出自己的心声，整个对话仅仅是在浪费时间。

相反，当相互之间建立起了信赖，即便是再难说出口的事情都能向对方倾吐。

日常生活中，女儿总有些时候会把一些妈妈不知道的秘密告诉爸爸。但是，很多的爸爸都没有遵守跟女儿的约定，把这个秘密“泄露”了出去。当然，琐碎的内容并不会造成太大的问题，但是既然女儿是因为真心信赖你才告诉你的，这样做就难免会给女儿带来一种“被背叛”的感觉。

女儿把自己的秘密告诉了爸爸，爸爸却把这个秘密告诉其他人。女儿一定会产生类似“我从现在开始再也不想跟爸爸说话了”的思想。更为可惜的是，父女间的信赖感会因此而不复存在。

♥ **包容**

所谓包容，指的就是放下对别人的偏见，用心去接纳别人。不要用一种评判的态度去对待别人，而是要把别人跟自己不一样的地方看作是别人的一种特质。

当女儿在真诚地向爸爸倾诉时，很多爸爸都习惯于用一种成人的道德判断标准去看待问题。这样做是不对的，爸爸的角色不应该是“法官”，而应该是女儿的“律师”。如果不能够充分理解女儿，而只是一味地告诉女儿怎么做是对的、怎么做是错的，是给不了女儿安全感的。

因此，让我们把判断与说教放下，先用心去感受女儿的情感。只有这样，才可以更好地理解女儿的心情。

♥ **将心比心**

所谓将心比心，指的就是站在对方的立场去思考问题，理解对方的心情。这种将心比心，不单单体现在聊天内容上，还体现在说话的语气以及表情上。

在学校教孩子时，我发现低年级的学生明显缺乏将心比心的能力。大多数由争吵而导致的打架事件，都是因为孩子们没法做到将心比心，总是只想着自己的感受，而忽略了对方的感受。

只有拥有足够的经验，孩子们才能够培养起将心比心的能力。孩子之所以很难理解对方，我觉得更多的是因为他们缺乏这样的经验。另外，我们经常会看到父母对子女说“你为什么就这么不懂事呢”“没看到爸爸有多忙吗”之类的话，造成这种现象的原因正是孩子缺乏将心比心的能力。

那么，在与女儿的对话中，谁应该更多地做到将心比心呢？没错，就是爸爸。

上面所说的，便是心理咨询师总结出的在对话时至关重要的几个态度。其实，不管是真诚、信赖、包容还是将心比心，都是一种能力。专业的心理咨询师通过长时间的训练，才具备了上面几个能力。而且，为了让自己的能力不断进步，心理咨询师还必须不断通过实践来提升自己。只有花足够的时间，才能够成为真正的心理咨询师。即便是在成为心理咨询师以后，他们也需要定期去参加一些工作坊，继续锻炼自己。

因此，对于一般家庭的爸爸来说，拥有上述全部能力是个不太现实的事情。但是，爸爸们也必须努力，争取至少拥有4种能力中的1

种。只有做到这样，才能使女儿的心里产生下面这样的想法：

“爸爸真的在很认真地听我说话。”

“我相信爸爸，不管什么事都能跟他说。”

“爸爸不但不对我指指点点，而且还能够理解我。”

“爸爸理解我的感受，而且还给我安慰。”

在这4种态度中，哪怕只做到1种，父女关系都会得到非常积极的影响。因此，爸爸们需要根据自己的性格特点，向着其中一项而努力。如果不知道怎样去努力的话，不妨经常问自己下面几个问题：

♦ 是不是经常敷衍自己的女儿？

♦ 是不是经常听到女儿埋怨“爸爸怎么不听我说话”？

♦ 自己跟女儿对话的主要内容是不是让女儿改这改那？

♦ 在跟女儿对话时是不是经常说“你没必要为这事而不开心啊”“这有什么好伤心的”或者“有什么值得哭的啊”之类的话？

有些父母在意识到这些问题后能努力去改正，而有些父母却依旧按照自己的方式跟女儿进行对话，这二者所获得的效果有着巨大的反差。如果爸爸刚好有上述4种态度之一，那可以算是件非常幸运的事。但如果不是，爸爸就得加把劲了。而且，不能光看一下书、点一下头、说几句“说得对”就完事，更重要的是要努力实践。

关于对话练习的一些建议

对话的态度	实践时需要注意的地方
真诚	1. 放下手中的事，一边看着女儿的眼睛，一边说“原来是这样啊”或者“所以呢”之类附和的话。最重要的是，耐心听女儿说话。 2. 不要说些敷衍的话，如“是这样吗？知道了”“这很正常啊，有什么大惊小怪的”等。
信赖	1. 遵守与女儿之间的约定，要是没能遵守，必须很诚恳地道歉（大多数大人在违背约定后都会觉得没什么大不了，甚至忘记了应该道歉）。 2. 说一些能让女儿更加信赖你的话，如“非常感谢你相信爸爸，能跟爸爸说话”“爸爸一定会保守秘密的”“我一定会帮你的！加油”等。
包容	减少“为什么”“又”这些词语的使用量。 “你为什么……”——你无法理解女儿行为时会说的话。 “你怎么又……”——批评女儿时会说的话。
将心比心	1. 试着把你的感受用语言表达出来，如“看来你真的很伤心”“这么伤心，怪不得你流泪了”“看上去你很生气啊”“很生气吧”等。 2. 说点儿让女儿觉得你也有同样感受的话，如“换作爸爸也会很生气的”“爸爸也曾经有过这么后悔的时候”等。

和女儿的对话是共享感情和想法的过程

“礼恩，你最近好像都很晚睡觉哦。”

“对啊，我总睡不着。”

“但是总这样也不行啊，第二天会很累的。你想，要是你晚睡的话，第二天起床时不是更难受吗？”

“那爸爸也现在睡吗？”

“爸爸也想现在睡，可是爸爸还有很多事情没做呢。”

“爸爸应该也很累吧。”

听到孩子说出这句话，我觉得有点意外。最近，我总是有着各种各样的事情要处理，睡眠时间也十分少。但是，我总是提醒自己，不能因为工作而疏忽了对家人的关心，所以要求自己在孩子睡觉之前绝不忙自己的工作。这样一来，几乎每天晚上10点之后我才开始工作。在女儿说这句话之前，没有人跟我说过任何安慰性的话。

“对啊，爸爸有时候也会因为太困了工作效率降低，但没办法

啊，都是些必须得做的事情。”

“爸爸，那些事情都是明天前要做完的么？”

“不是。”

“那么你今晚早点儿睡，明天早点儿起，这样工作效率就会很高了。”

“要真是这样就好了。”

“爸爸总是让我在累了的时候休息，为什么自己却不好好休息呢？”

“对哦，那我们今晚都早点儿睡，明天起来再努力工作。谢谢礼恩的提醒，爸爸今晚终于可以早点儿睡了。”

于是，我果断地放下了手中的工作，早早地睡觉去了。由于那几天经常熬夜，使得上班的时候脑子有点重，没想到那天晚上早睡以后，第二天立马就重新找回了能量，跟吃了补药似的。通过跟礼恩的对话，我的生活质量有了提高。

与女儿的对话，其实就是相互间通过语言交流来分享想法、情感的过程。但是，爸爸不能把自己的判断强加到孩子身上，因为爸爸虽然是大人，也不一定所有判断都是正确的。父女间的对话是一个思想以及情感交流的过程，这其中需要爸爸充分认识到自己应该发挥什么作用，并认真地观察自己的女儿。而且，自己的思想和情感要是能够比较好地传递给对方的话，双方都能从对方身上得到安慰和激励。

很多认识到与女儿对话的必要性，并且尝试去展开对话的爸爸，在一开始总会抱着“一定要为女儿做点什么”的想法。当然，正是因为有这份心思，一些本来关系不是太好的父女能够在对话中增进感情。但是，要只是抱着这份心思去展开对话的话，充其量只能算是一个帮女儿解决问题的过程，并不能算是沟通或者交流。

对话是无法单靠一个人来完成的。只有两个人一起努力，相互间有来有往，才能形成一段对话。要是只知道听女儿说的话，然后教女儿应该怎么做，这根本就算不上是对话。

让人遗憾的是，大部分正在抚养低龄幼女的爸爸们在对话中所做的，都仅仅是听女儿说话或者提问。整段对话的决定权都在爸爸或者妈妈那里，女儿要问或者要做的事也都是由父母来决定。

爸爸们，让我们抽出时间来，认认真真地跟女儿对话吧。我们应该摆脱掉那种单纯的旁听者或者命令者的角色，把自己也放入对话的主题当中去。

当然，也有一部分爸爸说女儿还太小，她们说的话自己听不懂。但是，不妨换位思考一下，孩子们又能够听懂多少大人们说的话呢？即便问题是由一些比较简单的词汇构成，回答时还是要用到比较高级的词汇，这对孩子来说其实是一件很困难的事。那么，当孩子不能达到大人们的标准时，大人们难道不应该主动把自己调整到孩子能接受的标准吗？

怎样使对话更加符合孩子的标准

低下身子说话

要是孩子是坐着的，你也得跟着坐着；要是孩子是躺着的，你也得跟着躺着。反正要做到不需要任何一方仰视或者俯视。

内容尽量具体、量化

在说明的时候，尽量具体、量化。比如说，当你要描述生气的程度时，可以把生气程度定为5个等级，忍无可忍的那种程度为5，稍微有点儿郁闷的程度为1。

谈话时使用孩子们习惯的词汇

不要使用太难的词汇。即便你说得再好，也不会使孩子觉得你博学的。因此，要尽量把自己的词汇转换到孩子能听懂的程度。

与女儿一起读童话书

童话书非常神奇，几乎任何事物都能通过童话书来解释给孩子听。更重要的是，童话书还有很多对话的题材。

说话不要太长

在大人的对话里，任何一方说话太长都会使这个对话质量降低。大人尚且如此，在跟女儿的对话时更要注意，说话时间不要太长。因此，尽可能把话说得简洁一些。

与对话时间不足相比，　糟糕的对话所造成的问题更严重

“你为什么总那样？”

“真的不知道你在想些什么！”

“你听得懂我说话吗！听到没？明白我是什么意思么！”

“喜欢还是不喜欢，说句话有这么难吗？”

“你这么做，朋友们都会讨厌你的！”

最近，很多报道指出，父母与孩子的对话时间不足对于孩子的成长有着很大的负面影响。但是，与对话时间的不足相比，糟糕的对话所导致的负面影响会更大。每个人都有着自己固定的说话方式以及语言习惯，这些特质是不容易改变的。因此，总有些人会说：“那个人其实心里未必这么想，但说话的口吻怎么就这么不招人待见呢？”

其实，对话也是一样的。跟自己的上司或者长辈说话尚且不会有太大的问题，因为心里会多加注意，但是在跟后辈或者孩子说话时，

人们往往会因为不太上心而不自觉地伤害了对方的感情。记住，对话时一定要确保双方处在平等的关系下。

父女之间的很多对话中，手握决定权的永远是爸爸，而正是在这个背景之下，对话往往以说教的方式进行。与其说这是相互交流的对话，还不如说是不断批评女儿并且给女儿带来心理创伤的对话。

看到这段文字时，希望各位爸爸回想一下自己是否曾被别人的话语所伤害过。由话语带来的伤口远比身体上的伤口要深，而且可能一辈子也无法愈合。

因此，每天批评孩子对他所造成的伤害比起拿藤条打他还要大。

身体的伤口就像敲钟时发出的声音，随着时间的推移很快就会消失。而话语所带来的伤口肉眼虽然看不出来，带来的疼痛却更加剧烈，而且任时间流逝也依旧存在。

我们用锋利的刀来制作料理时，可以烹调出美味可口的食物。但是，在用来杀人时，这把刀就会变成恐怖的凶器。因此，刀的性质取决于我们用它来干什么。刀如此，话亦如此。当我们想多跟女儿说话时，要是用了不好的沟通方式，话语很可能会成为给女儿带来心理创伤的“凶器”。为了不使最心爱的女儿受伤，爸爸们应该避免与女儿展开下面4种类型的对话。

以爸爸的想法为主所进行的对话

“你按我说的做就好了，不用想为什么。”

“这当然是为了你好呀，我难道会害你吗？”

很多女儿都说跟自己的爸爸对话时会感到很郁闷，大部分的原因在于爸爸总是不听她们说自己的想法跟意见，而且还把大人的想法和要求强加在自己身上。而且，有些爸爸为了女儿能够贯彻自己所提的要求，甚至采取了胁迫的方式。

“你要是不按我说的做，我就把你的书包扔了！”

虽说你的意图是好的，但你没办法通过一个正确的方式把自己的意思传递给女儿，反而会与女儿产生冲突，带来的只会是反作用。

在女儿不听自己说的话时，爸爸需要耐心说服。但是，更多情况下，爸爸所做的并不是耐心说服，而是利用自己的权威来威逼女儿根据自己的要求来做事。这样的爸爸明显是不及格的。

记住，我们不能因为孩子还小而无视他们的想法。毕竟，每个孩子都有自己独特的想法。凡事先去了解女儿的想法，这是尊重女儿的第一步。

用批评堆砌而成的对话

“你怎么做成这样？”

“你怎么连这么一点小事都做不好？”

“我都跟你说过一遍了，你怎么还不知道？”

“你这孩子就是光说不练。”

“你做事能谨慎点吗？”

大女儿礼恩原本坐在卧室的地板上看书，由于想上趟厕所，她把看着的书暂时放在了地板上。而小女儿多恩碰巧这时候走到了卧室里，被礼恩放在地板上的书给绊倒了。于是，多恩开始大哭。对小孩哭声十分敏感的我立马大声对礼恩吼道：“你怎么把书随便扔地上呢？”

在日常生活中，我们经常会碰到像上面的这种情况。著名的社交学家戴尔·卡梅吉（Dale Camegie）曾说过：“对别人的批评其实是一种很危险的火花，它很可能会引爆对方心里一个叫‘自尊心’的火药库。这个火药库要是爆炸的话，还有可能危及生命。”也就是说，在批评别人的时候，很有可能会对别人的自尊造成非常严重的创伤。虽说有时候我们对别人的批评是出于好意，也很有可能会对对方造成无法弥补的伤害。因此，在批评别人之前，我们一定要考虑一下自己所说的话会对别人造成什么样的影响。

夹杂着糟糕感情的对话

有一次，一位学生的爸爸跟我说道：“老师，我跟我女儿说话时都快要被气死了。”他说他每次想要跟女儿说话时，都会被女儿弄得十分郁闷。本来非常平静的一段对话，总会不知不觉变成争吵，作为爸爸的他也会莫名其妙地发起火来。

比如，在一个炎热的中午，爸爸想吃冷面，然后问女儿要不要吃冷面，女儿只是淡淡地回了句“随你”。听到孩子那敷衍的回答，爸爸觉得十分生气以及郁闷。

在跟他的女儿进行过几次对话后，我发现，在女儿的眼里，这个爸爸的特性有3点，那就是唠叨、爱发脾气以及固执。由于爸爸的性格比较木讷，所以总是非常唠叨地指出女儿该做什么和不该做什么，还经常因为女儿的不耐烦而发脾气。对于女儿来说，跟爸爸的对话其实不算对话，只能算是个听他唠叨和等他发火的过程。

于是，我给了那位爸爸一个建议——无论如何也要坚持把孩子的话听完。先别对女儿发火，在把女儿的话全听完以后再说自己的建议。以吃饭为例，不管是午饭还是晚饭，爸爸在告诉女儿自己想吃什么之前，应该先让女儿说说自己想吃什么。当女儿说出来的食物不合自己意时，爸爸应该主动迁就。

很多爸爸在跟女儿对话时会突然发火，说话的声音变大，语调也变得非常重。记住，这并不是什么真诚以待，而仅仅是仗着自己掌握对话主动权而随意发火的表现而已。

因此，爸爸在对话过程中感觉到自己将要发火时，应该先暂时暂停对话，好好想想自己为什么会发火。对于父母来说，跟孩子对话的过程中最为吃力的一点，便是坚持把孩子的话听完。

但是，也有一些父母，他们虽然能坚持听孩子把话说完，但过后还是会扮演一个说教者的角色，把孩子的错误一项一项地指出来。孩子把自己的想法告诉父母，并不是为了听父母说教的。因此，在孩子向你敞开心扉时，作为父母的你不能随便伤害孩子的感情，一定要把话全部听完后给予建议。只有这样，才能使孩子身心全面发展。

孩子的年纪毕竟还小，如果用大人的思维去理解孩子所说的话，便会不可避免地产生误会。而这个误会很有可能会导致争吵。因此，大人们在与孩子对话时，要提醒自己站在孩子的立场上思考问题。只有这样，孩子在与父母的对话时才不会因为畏怯而不敢说话，并且能够活泼健康地成长。

只有爸爸说话的对话

当我们说话时，总会有一种潜在的欲望使我们想要掌控对话的气氛，并且说服别人接受自己的想法。但是，这样的潜意识带来的结果往往是剥夺了别人发言的机会，整个对话中只有自己在说话。因此，在这里，我必须再次强调，所谓对话，是个你来我往的过程。就像乒乓球比赛那样，你得先把球打过去，别人才能够把球打给你。要是只有一个人打球，这场比赛根本就不可能进行。

爸爸们要是真的想跟女儿进行对话，就必须做到耐心倾听。在坚持听完女儿的话后，才能够充分理解女儿的想法。到了那个时候再开口说话，就会有意想不到的效果。

错误的对话方式还有很多，但是，对于爸爸们来说，只要尽量避免上面所说的4种，便能够比较容易地与女儿建立起良好的关系。而要做到这一点，简单来说，便是放下自己的权威、不要发火、不要说教、认真倾听女儿所说的话。

虽说上面这句话看上去很简单，但实践起来可是有一定难度的。

毕竟，语言习惯以及跟女儿接触时那种“高人一等”的态度并不是一两天就能改变得了的。不过，值得庆幸的是，只要肯付出努力，总有一天能够成功。

父母对待孩子的态度和方式是可以一代接一代传递下去的，也就是说，你对你的孩子说了怎样的话，你的孩子将来也会对他的孩子说出同样的话。而要是你把倾听这一好习惯教给你的孩子，你的孩子将来在抚养自己的孩子时也一样能够做到。

对话时间不足并不是最可怕，最可怕的是用了错误的对话方法。对话时间不足可以通过多约时间聊天来弥补，但一段糟糕的对话却有可能给孩子的心灵造成创伤。

对话不成，用身体沟通

我在做小学一年级班主任的时候，经常会碰到一些跟女儿之间出现问题的爸爸。

在跟这些爸爸们聊天的时候，我通常都会给他们这样的建议：“虽然我不是孩子的家人，但每天从早上8点40分到中午1点40分这5个小时里，我都跟孩子们在一起。而且，加上下课后给孩子们补课，我每天大概会跟孩子们一起相处六七个小时。早上上学的时候，我得观察孩子的心情，得了解孩子有哪条公式不懂，得知道孩子有哪个修饰手法不懂。此外，我还得知道孩子们谁跟谁比较亲，谁在学校吃中饭时比较喜欢吃什么东西。我得告诉他们什么是对的、什么是错的，得安慰一些因和朋友吵架而不开心的孩子。但是，由于一个班里有足足30个孩子，我很难完全兼顾。孩子们也知道老师不是单属于他们中任何一个人，而是属于全班同学的。而与此同时，对于孩子来说，自己的爸爸却是很难见到的。每天早上起床上学前能见那么一会儿，而放学之后也只能见那么几个小时。要是爸爸加班的话，或许连1个小时都见不到。缺乏交流的时间，自然也就缺乏积累感情与信赖的机会。正是在这种背景之下，你在和孩子聊天时可能就会出现很多误会，对话的气氛也很难掌握。想改善和孩子的关系却很难找到时间跟孩子说话时。这时，你不妨试一试用身体来跟孩子进行对话。”

有很多爸爸跟我说，他们想要和孩子进行对话的时候，往往不知道该从哪开始。对这些爸爸，我一般会建议用身体来进行沟通。毕竟，这些爸爸平常不怎么和孩子说话，要是为了营造出良好的对话气氛而刻意去做些奇怪的事，反而会让孩子觉得别扭。

人在与不同的人交往的过程往往能发现一些相同点。我平时与女儿之间产生矛盾或者与家里人产生摩擦时，都会尝试去思考，要是对面站着的不是我的女儿或家人，而是我的朋友，我会怎么做。毕竟无论我再怎么客观，也不可能完全忘记自己与女儿或者家人之间的这种关系。这样的转换思考能让我更加客观公正地处理家里的事。

“要是她不是我的女儿而是我在学校里的一个学生，我会怎么做呢？”

“这事要是发生在职场上，我会怎么做呢？”

“要是他是我的同事，我会怎么做呢？”

听上去好像有点异想天开，但是，当你真的这么做时，会惊喜地发现原来问题可以很容易地得到解决。

试想一下，要是一个公司的领导想要跟职员们进行一场对话以调动起整个公司的工作气氛，他会怎么做呢？要是他把所有职员都聚集在一个地方，然后说些“你们要努力工作啊”之类的话，且不说效果会怎样，单就这么突兀地把职员聚在一起进行演讲就已经够别扭的了。相反，要是领导把公司的职员聚集起来，并组织一同去运动或者参加一些志愿活动，在活动中与职员们亲切交流，这样的方法收到的效果会更加好，而且也不会显得突兀。在整个过程中，领导与职员之间会产生良好的感情，对话也不会受到周边环境太大的影响。

人们总说，父母与孩子之间的关系是世界上最亲密的。不错，在人们获得爱情之前，由于血缘等关系，父母与孩子的关系可以说是最亲近的。但是，这并不代表父母是最了解孩子的人。甚至有些时候，对孩子来说，朋友会比父母更了解自己。

都说父女之间的关系是最亲近的，但是，想让两个人的心离得更近却并不是件简单的事。而且，在一些比较重视传统的社会里，父母与子女间虽然关系亲近，但是与西方家庭相比，东方的家庭父母与子女之间还是多了一层隔膜，而这层隔膜便是传统所规定的礼仪。

因此，父母们想要收获一段良好的亲子关系，不能只是等待，而是应该努力争取。

下面，我给大家讲几个父亲用身体跟女儿沟通的例子。

一起“做汉堡包”

这是非常适合在孩子睡觉前进行的亲子活动。首先，爸爸可以先让女儿平躺在床上，然后爸爸把女儿想象成汉堡包最底下的那块面包片。接着，爸爸可以往“面包片”上倒“酱汁”，这样的话，父女之间就能够相互通过身体接触来增进感情。随后，把“牛肉（枕头）”放在“面包片”上。最后，爸爸作为最上面的那块“面包片”，把孩子抱住。这样，一个“汉堡包”就完成了。有时候，还可以在“汉堡包”里多加一块“牛肉（妈妈）”。

虽然这个游戏只需要短短5分钟，且不需要每天晚上都做，但偶尔在女儿睡觉前做这么一个小小的亲子活动，就可以很自然地培养起父女之间的感情。此外，通过这个游戏所建立起的父女间的信赖感可比当面对女儿说十次“我爱你”还强。

每个女儿都愿意每天睡觉前和自己的爸爸玩这样的游戏，因此，爸爸们，无论多么想看电视或者玩电脑，都请在女儿睡觉前抽出那么一点时间，与女儿进行这个游戏。这可是增进与女儿感情的“黄金5分钟”，一定要好好把握住哦！

每个月都来一次只属于父女两个人的“出逃”

有很多的爸爸，甚至连跟孩子单独相处5个小时都没试过。虽说带孩子上街有着各种各样需要事项，但为了孩子，爸爸不管多困难也必须要克服。

相信大家在恋爱的时候都试过为了见恋人而坐上1个小时以上的车，又或者是为了等对方而花1个小时自己一个人在商场里瞎逛。正因为有着这样的回忆，两个人在恋爱时或者结婚之后才会有非常重要的对话素材。而这对于父女来说也是一样的。但是，“出逃”时有一点要注意的就是绝对不能把妈妈也带上。父女两个人可以选择去电影院看电影、去剧院看话剧，又或者是去书店看书。只要是只有父女两个人，各种活动都没问题。

对女儿来说，跟爸爸一起在电影院看电影会成为一段非常美好的回忆，而这段回忆也会成为父女两个人日后的谈资。当然，爸爸也可以带女儿去书店，给女儿挑一本她喜欢的书，给她买她最爱吃的冰激凌，一起给妈妈买一份礼物，这些回忆都会成为父女日后聊天的素材。

另外，要是没有什么紧急情况的话，在这样的日子里不妨给家里的汽车放个假，父女俩一同乘坐公共交通工具出行。因为在乘坐公共交通工具的时候，父女间有着足够的时间、精力以及素材进行对话。虽说这样身体会有点累，但是看着路上的风景，两个人会很自然地从日常生活的琐事出发，慢慢开始交流。

回到家以后，女儿会跟妈妈说自己跟爸爸都聊了些什么，这样就使得整个家庭又有了新的聊天素材。

相反，要是把妈妈也带上的话，回到家之后就没什么新的话题可说的了，更多的情况是父母对孩子说“今天挺累的吧，赶紧洗洗睡吧”。所以，有些时候，父女出去单独相处会比带上妈妈一起要产生更加好的效果。

跟女儿一起洗她的运动鞋吧

一般情况下，孩子在学校或者幼儿园体育课时都会穿运动鞋。这些运动鞋鞋面颜色大多数都非常浅，经常穿的话难免会弄脏，并且运动鞋因为差不多都是由橡胶制成，脚如果出了汗就很容易产生异味。所以，在周末的时候洗一洗，等到下周使用时，孩子就能穿着一双干净、清爽的运动鞋去学校了。

一个低年级的孩子，脚长一般在180毫米～210毫米，洗一双这样大小的鞋花的时间也不过10分钟。

洗运动鞋的工作，爸爸千万不要推给妈妈，一定要站出来。在洗运动鞋的过程中，爸爸不仅可以与孩子亲密接触，还能够顺带聊一下孩子在学校的生活。这个活动不在于把运动鞋洗得多干净，而是在于通过“劳作活动”的方式增进父女之间的感情。

很多成年人都想不到，对于大多数一年级学生，清洁是他们非常喜欢的活动。例如，拿扫帚把地上的沙子扫到一起倒到垃圾桶里，以及拿抹布把书桌擦干净等。因为对于他们来说，比起花很多的精力在学习与做功课上，清扫无疑是个回报更高的活动。毕竟，只需抽出短短几分钟时间，便可以使自己身边的环境焕然一新。

对于女儿来说，与爸爸一起参加劳动是一件非常开心的事。因为这是一个“生产性质”的活动，也就是说，即使整个过程中爸爸跟女儿一句话也不说，也不会使这个活动变得没有意义，整个活动也不至于浪费时间。此外，孩子为了获得妈妈的称赞，一定会跑过去把整个活动的过程告诉妈妈。

此外，针对那些幼儿园和小学的小孩，培养他们的独立动手能力是非常重要的。只有在小的时候养成“自己的事情自己做”的习惯，长大后才能更加独立。而爸爸陪孩子一同参加这种活动，不仅可以增进父女之间的感情，在某种程度上还可以帮助女儿早日独立。

爸爸可以跟女儿一起进行的活动

- 洗运动鞋
- 垃圾分类
- 铺床单
- 削铅笔等学习前的准备工作
- 吃饭前摆碗筷
- 给妈妈按摩
- 整理书柜

礼恩爸爸的3日床头对话成功记

据调查，每个家庭里，父母与孩子（小学生、初中生以及高中生）每天的对话时间约为46分钟（出自2012年2月韩国广播公司KBS新闻），而学业成绩比较优秀的学生，每天与父母的对话时间超过46分钟。这也证明了父母与孩子对话时间的多少对孩子的学业成就有着显著的影响。

要是真像上面所说的，父母每天跟孩子的对话时间为46分钟，那么，在这46分钟里，爸爸的对话时间占了多少分钟呢？下面，让我们从白天睁眼那一刻开始看看。

每天起床后便要做好出门的准备，简单地吃完早饭便匆匆出门，在办公室或者自己开的店里待上一整天的时间，直到晚饭时间才回家。吃完晚饭后，看会报纸就上床睡觉了。那么，在这么忙碌的一天里，爸爸和子女对话的时间能有多少呢？或许，作为爸爸的我们真该时不时地自我反省一下，到底每天花了多少时间陪孩子聊天。

当然，在现代的都市生活里，爸爸的确很难腾出时间跟子女进行对话。每天早上，爸爸和女儿都得为出门做好准备，都在忙着各自的事。到了晚饭的时候，经过了一天辛勤工作的爸爸已经变得疲惫不堪，相比去抽出时间聊天，他们更想一下子到床上好好睡觉。

其实，我也是一样的。因此，我也从现在开始，决心多抽出时间跟女儿聊天。我先让妻子陪着睡得比较早的多恩睡觉，然后自己来到害怕一个人睡觉的礼恩身旁，非常自然地跟她聊起了天。

第一天

我在用手机查邮箱，而礼恩则在静静地看着书。

“礼恩，爸爸查完邮箱就睡了，你再稍微多看一会儿就赶紧休息吧，剩下的以后再看。”

“好。”

“爸爸的事都做完了，礼恩，你把要看的部分都看了，然后就关灯吧。”

于是，我便躺在床上等着。我躺下时大概是9：59分，而礼恩读完书时是10：02分左右，虽说只是短短的3分钟，但对于在床上等待的我来说却非常漫长。在这段时间里，我时刻抑制着自己的情绪，没有对礼恩说出“快点”之类的催促的话，也没有露出不耐烦的表情。换作是以前，我早就忍不住了。

“爸爸，我看完了。不过我得先去趟厕所，所以爸爸你来关灯吧。”

“好的，知道了。”

礼恩从小就十分喜欢看书。

“礼恩，你每天就光看书吗？”

“爸爸，我连一本书也看不好，你是不知道我有多忙。”

“哟，都忙些什么呀？”

于是，礼恩跟我说，她每天放学之后有一大堆的事要做，而在做完这些事以后，往往已经到了快睡觉的时间了。于是，她便只能在睡觉前那段短暂的时间里看书。

“看来礼恩是真的很累呀。你比起爸爸上小学时可要出色多了。”

“对呀。光是完成英语作业就已经够吃力的了，还有其他的一堆作业。”

“那么，你以后就先把英语作业给做完。剩下的等爸爸晚饭后一点儿一点儿地教你，好不好？”

“嗯，好！”

“礼恩真棒！”

于是，那天的话题自然而然地转向了功课。通过这个短暂的对话，我知道了礼恩平时需要完成的一些作业，以及她由于要学习游泳而导致晚上学习时间特别紧张。

第二天

礼恩按照约定在放学后先把最耗时间的英语作业给完成了。剩下的作业包括汉字的学习、10道数学题以及写日记。由于礼恩从一年级起就在妈妈的指导下写日记，所以现在写日记对她来说是小菜一碟。

但是，汉字和数学却是个问题。换作是以前，礼恩一般需要花30分钟的时间来完成汉字的功课。但是，在我根据约定在礼恩身边辅导后，她完成汉字作业只花了10分钟左右。另外，数学作业也需要差不多的时间。

对于还在读小学二年级的礼恩来说，经常会碰到做作业做到心烦意乱的时候。以前，一旦遇到这样的情况，礼恩就会向妈妈求救。但是，在生下第二个女儿后，妈妈的生活重心开始转向小女儿。每当礼恩做作业做到心烦时，妈妈所做的仅仅是不断地催促她。且别说帮她做功课，连跟她聊天的时间都没有。而要是在睡觉前还没完成作业的话，礼恩还得忍受来自妈妈的唠叨。但是，由于今天得到了我的帮助，礼恩很快就完成了作业。

在熄灯后，我开始跟她聊天：

“礼恩，你做作业还挺快的嘛！”

“对，可是爸爸，我也有非常讨厌做作业的时候。”

“那你今天感觉如何？”

“因为有爸爸在，我感觉还挺不错的。”

“刚才在跟礼恩做汉字作业时，爸爸发现礼恩懂得的难字还真不少，有一些连爸爸都不认识。”

“真的？但是，我也有很多不认识的汉字。有些看过的也不

认识。”

“是呀，即便是学过的东西，也可能不认识。所以，在学习完之后还得多加复习呀。”

“可是爸爸，我每天放学回家能不能吃一下冰箱里的雪糕啊？”

“为什么这么问？”

“今天当我想打开冰箱拿雪糕时被妈妈制止了，她说我不能吃。”

“可能是因为妈妈见你最近在咳嗽，所以不让你吃吧。”

“但是我真的好想吃。”

“那么要不这样，你要是明天回来不咳嗽了，喉咙也不痛了，就吃一个。但是，要是还是咳嗽以及喉咙痛，你不但不能吃雪糕，还要去医院。”

“我知道了。”

“这样就对了。礼恩呀，你可千万不要生病啊，你生病的话爸爸会心疼的。还有，要是碰到做作业做到心烦意乱的时候，礼恩可以什么都不做，光坐在凳子上发一下呆，这样或许会有不错的效果哦。”

“对了，爸爸……”

“嗯？”

“我爱你。”

“爸爸也爱你……晚安。”

第三天

由于公司加班，我9点才回到家。那个时候，妻子正抱着多恩到房间里睡觉，而礼恩则正在准备去洗澡。

礼恩洗完澡后，换上了睡衣，坐在了椅子上，一边看书，一边吹头。在她刚打开电吹风那个瞬间，她对我说道：**“爸爸，要不要听我唱首歌？”**

“好呀，是Bigbang的吗？”

“爸爸怎么知道的？”

“当然知道呀，你最近不是很迷Bigbang吗？”

礼恩或许忘了，她昨晚在做作业时就曾经告诉过我。由于电吹风声音太大，我并没听清她所唱的歌，但是看到女儿给自己唱歌，我依旧十分开心。

只见礼恩突然露出一脸开心的表情，对我说道：**“爸爸，我能不能每天都陪你睡？”**

“为什么？”

“就是喜欢，没为什么。”

那个瞬间，我突然有种恍然大悟的感觉。对呀，有些事情根本就没有问“为什么”的必要，而且为什么真的有那么重要吗？

“爸爸也很想每天都陪礼恩玩。”

今晚的睡前游戏是“做比萨”。为了更好地和面，我不断地揉礼恩的手臂和腿，然后加上各种各样的“酱汁”，最后，用手把整块

“面”铺平。在玩游戏时，我们聊了很多话题。不知不觉，我睡着了。当我醒来时，发现身旁的礼恩还在睡。

走出房间的时候，妻子正在厨房里准备早饭。

“今天别再这么晚回来了，礼恩最近可黏你了，一天到晚都在问爸爸什么时候回来。”

其实，我并不是那种受孩子欢迎的爸爸。但是，经过连续几天的睡前对话后，我突然就成为了礼恩心中最具人气的人了。毕竟，平时的我总会因为一些琐事而责怪礼恩，有些时候甚至会把礼恩弄哭。

我之所以把《礼恩爸爸的3日床头对话成功记》作为题目，是有一定原因的。虽说这三天的睡前对话时间仅仅为20分钟左右，但是我所感受到的东西却有很多。因此，这并不是一个简单的过程，而是一个经历了无数努力的过程，故称之为“成功记”。在对话中，我在知道她为了什么而感到辛苦后，不断地安慰她、帮助她。此外，我还知道了她身边一些朋友的特征，以及她喜欢的组合。就在这一点点的累积之中，我对女儿的了解越来越深。而且，在这个过程中，父女之间的话题也有了不少的变化。

对于习惯用成人的思维去思考的爸爸来说，正在成长当中的女儿或许有那么一点儿毛躁。可是，每当产生这种想法时，爸爸都应该好好调整一下自己的心态。记住，快速地做完家务早早睡觉并不是真正的幸福，真正的幸福应该是跟家人一起享受更多快乐的时光，即便是放下手中的一部分家务或者工作。因此，大家应该尝试放下一部分源于日常生活中的事情，花更多的时间以一个学习者的心态去跟孩子接触。

第三章

提高女儿学习能力的对话方法

掌握女儿正在学习的功课主题

其实，在与家人对话时，是很难找到适当的话题的。如果是刚刚认识的朋友，由于彼此间不太了解对方，对对方的一些事情都比较好奇，话题自然是比较好找的，对话也非常容易展开。而随着对对方了解的加深，双方的对话话题也会慢慢地变少。同样的道理，在跟自己的家人对话时，由于双方对对方都比较了解，所以寻找合适的话题会比想象中要难。因此，在跟家人对话时，一定要找好主题，为展开深入的对话创造条件。

在各种各样的话题中，我个人推荐对女儿学习有帮助的话题。具体说来，便是以女儿最近的学习生活为话题进行对话。在跟女儿聊天时，爸爸可以以女儿的学习生活为切入点，在给予女儿一些建议的同时延伸到其他的话题上。这样，父女间对话的内容就变得更加丰富了。

看一看女儿的教科书

了解女儿最近学习或将要学习的内容是十分必要的。因为通过阅读女儿道德、正直与生活（一、二年级）、社会、科学、智慧与生活（一、二年级）、语文（口语、听力、阅读、写作）等教科书，能够在里面找到非常丰富的话题。此外，在看完这些教科书后，你能够了解到女儿现在在学什么，以及将要学什么。

韩国小学二年级第一学期开设课程：智慧与生活

单元名	对话主题
1. 样子随年龄而变化	· 婴儿时期的样子，婴儿时期所发生的事 · 现在的样子与婴儿时期相比有什么变化 · 婴儿时期用过的物品 · 对比一下每个家人的身高 · 测量一下手长以及腿长
2. 现在要开始学会独立了	· 自己能在家里单独完成的事情 · 家人在家庭里的生活 · 以后想干什么 · 为了实现梦想，现在应该做什么 · 在成长中给予自己帮助的人有哪些
3. 关于耳朵	· 喜欢听的声音和讨厌听的声音 · 各种乐器 · 身体发出的声音 · 做家务发出的声音 · 外边传来的声音 · 让人心情愉悦的声音

续表

单元名	对话主题
4. 我与邻居	· 谈到邻居，第一时间想到的是什么 · 能从邻居那里得到的帮助有什么 · 与邻居之间发生过的感激的事、生气的事、愧疚的事以及开心的事
5. 我们的群居生活	· 在小区里看到的景象 · 为了小区而努力工作的人们 · 介绍一下自己的小区
6. 我们的屋子	· 屋子的种类（茅屋、洋房、公寓以及瓦房等） · 屋子的构造（屋外有什么，屋内有什么） · 以前的屋子和现在的屋子有什么不同 · 房间的种类以及用途 · 我喜欢的屋子
7. 动植物是我们的朋友	· 家附近能看到的植物和动物 · 我喜欢的动物 · 每个动物生长的地方、脚的模样
8. 充实的一天	· 一天都要做些什么事 · 在家里做的事和出门做的事 · 放学后想做什么事 · 交通安全 · 水上安全 · 健康的生活

进行有主题的对话

在了解完女儿的学习生活后，爸爸要好好地整理所获得的资讯。

在确定对话主题以后，便可以与女儿展开对话了。在这个时候，绝对不能像给女儿上课那样，把知识硬塞给她。爸爸们最好创造出舒服的环境，与女儿一同进行一些活动或者一起学习。

爸爸可以尝试一下每天抽出一定的时间，坐在女儿旁边，说“你今天都干了些什么，能跟爸爸说说吗”或者“爸爸早上去公司上班，下班之后便回家吃饭了。那你今天一整天是怎么度过的呢”等，以这样的话来展开对话。在这段时间内，爸爸可以把自己的见闻告诉女儿，女儿也可以毫无顾忌地说出自己的想法。

在聊到一天都干了些什么时，可以往以下几个问题延伸，如：

“今天干得最吃力的是什么事？”

“今天发生了些不愉快的事没有？”

“一天里做什么事的时候心情最舒畅？”

“有自己喜欢做但又没办法做的事么？”

除了问一些像上面这种能使对话变得自然且充实的问题外，爸爸还可以主动说一些像下面这样的话题：

“爸爸今天在公司里做了件特别累的事……”

“爸爸今天在公司里遇到了一件不愉快的事……”

“今天从公司回家的路上发生了一件奇怪的事……”

“爸爸的公司里有个同事，每天都骑自行车上班，可是……”

就像这样，爸爸可以把自己一天的见闻都告诉女儿。通过这样的对话，爸爸便可以了解到女儿从早上起床到晚上睡觉前都做了些什么事。此外，除了单纯的语言交流之外，爸爸还可以在对话之中与女儿进行一些互动。

对话之中能够与女儿进行的互动活动

♥ 问答游戏

在聊到动物的时候，可以进行一些问答游戏。在游戏中，父女间不仅可以增进感情，还可以让女儿在快乐中学到知识。问题可以包括动物的种类、名字、模样以及它们所生活的地方。

♥ 阅读相关图书

在阅读相关图书时，可以时不时提出一点儿小问题。另外，读书的时候要出声。在读书的同时还可以进行一些小游戏，例如读书接力（谁读累了或者读错了另外一个就要及时补上）。

♥ 观看相关视频

比如，在科学的话题里，当聊到化石或者火山爆发的时候，你们可以一起观看关于恐龙或者火山的视频。通过这样的活动，不仅可以达到学习知识的效果，还能够增强孩子学习的欲望。

♥ 现场学习

在学习交通安全知识的时候，可以在周末陪孩子一同去交通安全展览馆。或者了解一些屋子的构造，例如去近郊农村等地方。有了这样的体验，孩子对这些知识便有了立体的认识。

♥ 画画

在对话的时候，可以画一下自己喜欢的屋子和乐器。通过画画，爸爸可以了解到女儿的想法。另外，由于画画时需要动用女儿的观察力和想象力，因此可以给父女之间提供各种各样的话题。

♥ 写歌

这个活动其实就是给一段简单的音乐配上歌词。歌词的内容可以涉及自己的喜好或者自己对未来的遐想。另外，还可以适当分工。比如说，第一段爸爸负责，第二段女儿负责，第三段妈妈负责。歌词的内容并不是最重要的，重要的是一起参与活动的这个过程。

所谓对话，并不单指抽出一定的时间与对方迎面而坐，双眼对视，分享各自的想法。还需要一起去展望，充分地为对方着想。因此，在跟女儿对话的时候，爸爸应该适度地将与女儿学习相关的话题，融合到对话中，使女儿在对话的同时还能获得学习上的帮助。

不过，爸爸没有必要把所有的学习内容都试一遍，大概一个月抽出一两项进行对话便可以了。爸爸应该多看看女儿的教科书，在里面选择一些女儿需要自己帮助的或者是有趣的内容作为对话的主题。如果爸爸觉得这样做还是比较吃力的话，可以选择与女儿一同完成学校布置的作业。注意，这里指的是“一起”完成作业，而不是你替女儿完成作业。

时候，面试者的口语能力更是变成了最主要的评分标准。在这个时代里，对孩子的标准已不仅仅停留在认真听课以及选对答案上，还包括通过思考，把所汲取的内容有条理地表述出来。

在教室里，每个学生都各不相同。有的学生能够非常有条理地把自己的想法表达出来，但是有的学生别说表达想法，就连问问题也是吞吞吐吐的。后者虽然真的想去把自己的想法表达出来，但由于语言表达能力欠缺，他们的话语总会成为其他同学的笑柄。如此几次，这些学生很快就会被他们的同学当作笑话来看，更有甚者会成为被孤立的人。导致这种结果的主要原因，便是学生的口语能力不足。因此，在现代的校园里，口语能力已经成为了影响学生学习生活的一个很重要的因素。

一定要具备表达自己感情和想法的能力

经常挨骂的孩子通常都会把自己的感情给藏起来，理由其实很简单，当他被爸爸骂的时候，心情肯定是非常糟糕的。但是，要是摆出糟糕的表情，会使自己遭到爸爸更多的责骂。于是，他们只能把自己的感情藏起来，露出一副惭愧、反省的样子。长久之后，这样的习惯便会对孩子产生非常消极的影响。于是，在面对压力或者恐惧时，这些孩子很难正确表达出自己的想法。

在日常生活中，爸爸应该多鼓励自己的女儿表达自己的想法。在各种各样的选择中，爸爸需要尊重女儿的想法。只有尊重女儿的情感，才能够让她有足够的信心去表达自己的情感。

当我们周末拖着疲倦的身躯陪女儿去公园玩时，总会露出一脸不满的表情，还可能会对女儿说类似“因为你我才来这里，你怎么不开心呢”这样的话。

女儿年纪虽小，对这句话还是有着自己的理解，“爸爸不喜欢来公园却被我拉着过来了。要是我因为一些小事而摆出一副不开心的表情，爸爸就会生气了”。正是抱着这样的想法，女儿开始不自觉地把自己的情感给隐藏起来。

像这样否定女儿感情的爸爸真的很多，希望这些爸爸记住一点，那就是，要想女儿能拥有表达自己想法和情感的能力，必须先要尊重女儿的想法和意见，让她有说出自己真实想法的信心。

话多与会说话是两回事

外向的孩子总是特别爱说话，一旦说起话，中间就不会休息；另外，比较内向的孩子则几乎从来不会在被问问题之前发言。

有很多父母因为自己的小孩话特别多，经常跟别人说自己的孩子特别会说话。但是，话多就等于会说话这种想法是不太正确的，毕竟，二者之间还是有一定的差别的。而针对上面那些情况，更多的孩子只是话多而已。

在会说话的孩子中，有话多的，也有话少的。所谓会说话，指的是说话有说服力、有条理，能够正确表达自己想要表达的东西。

为了能让孩子会说话，我们在家里应该怎么帮助他们呢？方法很简单，那就是读书和对话。通过读书，小孩能够掌握丰富的词汇和语法。语法和词汇就像建屋子时用到的材料，只有拥有丰富多样的材料，才能建造出既时尚又实用的屋子。另外，跟父母对话是一种运用手中材料的练习。经历过多次这种训练的孩子，不管在什么地方，都能把自己的想法有条理地表达出来。

话说得好，不仅可以让孩子在课堂发言时获得比较高的评价，还有助于孩子与朋友建立起更加良好的关系。在跟朋友玩游戏出现意见不合的情况时，孩子就能够合理地说出解决方法，说服身边的朋友。此外，会说话的孩子日后在写作方面也有一定的优势，毕竟他更善于用多种论述手法。

倾听后再发言的人才是真正的高手

比起只擅长于说话的人，能够把倾听也做好的人更加优秀。一些有名的政治家或者是名人，经常会被人批评“不听别人说话”。虽然通过说话，能够把自己的想法表达出来，并且说服别人，但是，要是想找到知心的朋友又或是与别人更加亲密地相处，就必须同时具备倾听的能力。

那些一味要求别人听自己意见的朋友、那些光是下指令的同事以及总是唠叨不停的人，他们的话即便再合理再具说服力，也不会太容易让人接受。这也是为什么父母经常对孩子说要努力学习，而孩子却把这些当作是唠叨的原因。

其实，像“要努力学习”这样的话对女儿的学习提供不了任何帮助。只有知道女儿在学习的时候遇到了什么困难，在哪些地方需要帮助，才能够有效地帮助她更好地学习。

爸爸在听完女儿的话后，让她就好奇的地方向自己提问，最后再给她解释一下。通过进行这个练习，可以模拟女儿在学校的生活，让女儿更好地掌握倾听的技巧。毕竟，在学校里，大多数的孩子都很难做到这一点。

孩子说话的时候很容易陶醉在自己的世界里，有时候，他们在甚至不确定对方是否在听自己说话的情况下还在继续说。那些自说自话的人，是永远也比不上那些既能自己说得好，又愿意去倾听别人的人的。另外，倾听能力与孩子的上课态度也有着极大的关系。倾听能力强的孩子往往能就一些核心问题进行提问；相反，那些倾听能力不强的孩子，甚至连问题都提不出来。

在女儿的幼儿园时期和小学时期，与她进行对话最久以及对话内容最多的人是谁呢？没错，就是父母。父母不仅是最了解女儿的人，而且对于女儿的任何错误都可以原谅。要是父母以忙碌为由不跟女儿聊天，就是没有尽到父母应尽的义务。

爸爸们，试着在一个平等的氛围里尽可能多地跟女儿对话吧！不管对话的方式是说明、说服或者是讨论，只要注意对话的方法，就是父母能对孩子进行的最好的教育了。

比学习能力更强大的是学习动机

我在学校当过老师，所以见过很多成绩一直不太理想的学生。据指导他们的老师所说，即便授课老师再用心，他们中的大部分人依旧没有达到老师所期望的标准。

这些学生之所以成绩不理想，学习能力差当然是一部分原因，但更根本的原因则是他们缺乏学习的动机。与其强迫这些成绩不理想的学生做自己不喜欢做的事（学习），还不如让他们明白学习是他们必须首先考虑要做的事。

动机是什么？所谓动机，是指诱发某个行动的因素。不仅是学习，即便是其他行为，也需要动机。

外在动机

举个例子，假如你跟女儿说，要是她完成作业了便给她糖吃，然后她就非常愉快地把作业写完。在这个例子中，糖果便是外在动机。现实生活中，外在动机是父母经常使用的招数。

假如你让讨厌做作业的女儿端坐在椅子上，听你给她说做作业为什么重要、认真完成作业对她有什么帮助，我想，这样的做法收效甚微。毕竟，“讨厌做作业”这个想法已经存在于孩子的意识中，所以不管你说什么，她还是会按照自己的想法去思考。

在这种情况下，使用外在动机不失为一种良策。通过给孩子提供他们喜欢的东西，从而诱发他们产生学习动机。比如说，答应女儿在她做完作业之后跟她一起出门买她最喜欢吃的雪糕或者跟她一起做她最喜欢的活动。此外，称赞和奖励也是比较不错的方法。

但是，即便是这样的对话也绝不容易。毕竟，很多父母在看到孩子不做功课时，第一时间想到的便是责骂，如“赶紧做作业”或者“这是你的义务！赶紧给我做”等。记住，这样的话对于让孩子做作业是一点儿帮助都没有的，因为其中根本就没有诱发她的学习动机。

内在动机

不依靠外在的奖励，而是因为自己的兴趣以及爱好而学习，这就是内在动机。比如说，要是孩子喜欢弹钢琴，即便你不要求他，他也会非常努力地去练习。这个便是内在动机的威力。因此，从结果上看，内在动机比外在动机要更有效果。

我在当小学低年级班主任时，曾经实行过一个政策，就是每天放学前奖励一颗糖给认真整理自己书桌的学生。有一天，糖果派完了，我在放学前把这个消息告诉他们后，当天学生中的绝大多数都没有好好地整理书桌。但是，恩熙却跟往常一样认真地整理自己的书桌。

我问恩熙："恩熙，今天老师没有糖果了，为什么还这么努力地整理书桌呢？"

恩熙回答道："因为我喜欢干净的书桌。所以即便老师不给我糖，我也会这么做。"

对恩熙来说，整理书桌的动机是内在动机，这样的动机在没有奖励的情况下，能发挥出外在动机所无法达到的效用。

现在，让我们来分析一下外在动机和内在动机。在学习中，有什么刺激内在动机的方法呢？我想，称赞和良好的体验是两个方法。要是孩子在做某些事的时候得到称赞、感到吃力的时候得到鼓励、完成之后有极大的满足感，那么，他们就会产生"我也能做好这件事，而且很开心"的想法。如此一来，他们的内在动机便形成了。

今天，父母对于孩子的教育十分上心，他们最看重的东西便是学习能力。这一点，从他们在孩子很早的时候便给他们进行早教，长大之后上各种各样的补习班便可以知道。提高学习能力固然重要，但与之相比，提高孩子学习的动机更为重要。我们经常可以看到一些孩子问他们的父母"为什么要去补习班"，这个现象发生的原因正是因为孩子在学习上缺乏动机，不管是外在的还是内在的。

对父母来说，与孩子一同发现他们能够做好的事以及从那件事中找到乐趣是最重要的。虽说诱发动机的过程会花费一定时间，但是一旦让孩子拥有了学习的动机，他们学习的速度则是惊人的。那个时候，你就不会再质疑为什么要花这么多时间给孩子培养学习的动机了。因此，对于孩子还在上小学的父母来说，诱发孩子的学习动机是他们必须尽的义务之一。

光是强调内在动机并且认真辅导孩子并不是一件简单的事。因此，我们可以先从外在动机开始，等孩子进入了学习的状态之后再把动机的诱发方向转移至内在动机。

比如说，女儿或许一开始并不喜欢弹钢琴，这时候，爸爸可以用糖果或者陪她玩作为奖励让她去练习。而随着练习的深入，女儿逐渐掌握了弹钢琴的技巧，自己也开始从弹钢琴的过程中获得乐趣。这个时候，即便不提供外在的奖励，女儿也会自觉地练钢琴。此外，每次练习后获得父母的称赞和激励会让她更加喜欢弹钢琴。随着女儿从弹钢琴中获得了称赞以及良好的体验，她们或许会把弹好钢琴作为他们的梦想或者目标。

又比如，父母用外在动机来让小孩努力学习汉字，当小孩在考试中取得好成绩后，周围的同学都称赞她为“识字达人”。在收获称赞后，孩子自然而然就产生了学习汉字的内在动机，那个时候，即使父母不给外在奖励他依旧会努力学习汉字。

诱发孩子动机时需要注意的事项

为了诱发女儿的内在动机而在跟她对话时，要注意下面5点：

♥ 向她推荐能够成功的科目

向女儿推荐一些稍微努力一下便可以成功的科目是非常重要的。作为爸爸，在选择诱发动机科目时，需要选择那些符合女儿学习能力并且稍微努力集中学习便可以成功的科目。要是一开始便推荐一些比较勉强的科目，便会打击女儿的自信心，这样做的结果只有一个，那就是让女儿彻底讨厌这个科目。

♥ 向女儿展示爸爸对于她的关心

在给女儿选择好科目之后，尽量对她说一些类似“你有什么需要我帮忙的吗”或者“哪些部分不懂的话我可以帮你”这样的话，让她感觉到爸爸在关心自己。此外，爸爸也可以在她完成作业后给她点儿回应。

对于女儿的努力，爸爸还应该多说些如“做得真棒”之类的话，使女儿进一步感觉到爸爸对自己的关心。

♥ 不要在诱发外在动机时提供过分的奖励

奖励最好停留在语言称赞的层面上。毕竟，要是经常给予物质奖励的话，会使孩子养成一种坏习惯。当父母以后无法给到孩子所要求的奖励时，孩子的学习动机就会被摧毁。其实，最好的外在动机便是称赞。这里所说的称赞不是那种流于形式的称赞，而是饱含温情的、实在的称赞。

♥ 尽量避免说些引起竞争的话

“要是比爸爸还慢你就输啦。”

“谁做得更好呢？”

竞争的出现虽说也能够达到提升实力的作用，但更主要的效果便是使孩子过分在乎胜负。学习是一个自我提升的过程，并不是一场竞赛。过分强调竞争虽说会在初始阶段使孩子获得强烈的学习动机，但日后会带来一系列的后遗症。因此，在诱发孩子学习动机时，只需告诉孩子达到哪个水平就算是成功即可。

比如说，你要是想让女儿坐在椅子上乖乖看书，千万不能说类似“谁能坐在椅子上看书越久，谁就是胜利者”这样的话，而是应该说“你要是能坐在椅子上静静看10分钟书你就赢了”之类的话。

♥ 避免给出消极的评价

“你不行。”

“这像是你能做好的事吗？”

当你失败时听到上面这些话会是什么样的心情呢？要是经常受到爸爸严厉的批评，女儿就会自然而然地对自己产生消极的评价，如“我什么都做不好，任何事都做不好”。这样，且不说能力到底强不强，光失去自信这一点就已经使她很难再获得学习的动机了。

子女的动机大多是自己的父母诱发的。从这一点就可以看出父母跟子女的对话有多么重要。因此，父母应该尽可能多地利用平时与女儿对话的机会，让女儿收获学习的动机以及自信。

拥抱孩子的话，他的分数就会提高

美国比较心理学家哈利·哈洛（Harry Harlow）博士曾经通过对猩猩进行的实验发现了很多人类的规律。其中，他关于“依恋”的研究尤为著名。大部分的人觉得，孩子之所以对妈妈产生依恋，是因为妈妈在婴幼儿时期给他喂奶。也就是说，人类有着依恋给自己食物的对象的本性。但是，实验证明并非如此。

在哈洛的实验中，他分别用冰冷的铁丝和柔软的布制作出了2个“猩猩妈妈”。其中，他把装满了奶的奶瓶放在了由铁丝制作而成的那个“猩猩妈妈”身上，由布制成的那个则没有。结果，小猩猩进去之后，第一选择竟然是“布妈妈”。只有肚子饿的时候，它才会跑到“铁丝妈妈”那里喝奶。但是，喝完之后还是会跑回“布妈妈”身边。从这个研究可以看出，即便是“铁丝妈妈”那里有奶，但是小猩猩还是选择了能给自己温暖的“布妈妈”。

这个实验告诉了我们身体接触的重要性。来自父母的身体接触，能够让孩子产生足够的安全感。正是有着这样的安全感，孩子才能发挥自己的创造力和想象力。有父母在后面支持，孩子在人生的道路上便有了底气。相反，要是没有这方面的安全感，孩子在面对挑战的时候只会望而却步。

对父母的这种依恋感，大多形成于幼儿时期。一般人都会认为，生活在全职主妇家庭的孩子，会比那些生活在双职工家庭的孩子更能够获得安全感，因为妈妈是全职主妇的话，她就能更多地跟孩子接触。但是，有些时候事实并非如此。

其实，也有很多孩子，他们的妈妈虽然不外出工作，但他们从妈妈那里得到的身体接触极少，因此充满了不安情绪。相反，在双职工家庭，妈妈在下班回家之后会与孩子进行很多的身体接触，生长在这种家庭环境下的孩子一样能够获得足够的安全感。

平和的育儿态度

父母发火或者对孩子大声吼叫，都会给孩子带来不安的情绪。这种不安的情绪会使孩子陷入一种紧张的状态，始终坐立不安。因此，为了孩子的成长，一定要忍住脾气，尽可能保持一种平和的育儿态度。

在父母吵架的时候，孩子们一般都会选择看书或者进行一些看上去像是不太在意的行为，其实，这样的行为正是孩子不安情绪的体现。遗憾的是，很多父母从来没有想到过这一点。平和的育儿态度并不单指不向孩子发火，还包括不把孩子当成“出气筒”。在日常生活中，父母应该尽量营造出和谐的家庭氛围。在孩子犯错时，父母要做的并不是指责，而是耐心地告诉女儿一些解决办法。

每天做4次以上身体接触

虽说孩子对父母的依恋在婴幼儿时期就已经定型，但这不代表父母们等孩子上了小学就可以松懈。对孩子来说，上幼儿园和上小学是他们成长中至关重要的一个时期。在这个时期里，批评与称赞并存。但是，要是父母只会一味地批评，孩子的自尊心以及自信心就会受到损害。

一个拥抱，胜过千言万语。早上起床的时候、去上学的时候、回家的时候、睡觉的时候、上班出门的时候以及下班回家的时候，都是很好的时机。作为爸爸，应该在这些时候给自己的孩子一个拥抱。要是算每次拥抱10秒钟，一天4次也不过40秒。拥抱的同时还可以说一些嘱咐或者关心的话语，如“出门小心车”“最近变漂亮了呀”或“亲爱的女儿，早去早回哦”等。

就是这样，每天多做一点点，孩子的成长过程就会多一点点幸福。

随着年龄的增长，女儿会逐渐离开父母的怀抱，开始探索身边的事物以及人。但是，这种探索是建立在对父母那种充分的信任之上的。信任所带来的安全感使得女儿在探索的时候有了更多的底气，遇到再困难的事情，只要想到父母永远都在背后支持自己，就不再迷茫了。虽说依恋可以从很多方面得到，但是请记住，最根本的还是身体接触以及关心。

一些实验证明，缺乏这样的依恋会导致孩子在成长的过程中出现很多问题，包括社交障碍以及语言障碍等。此外，还有可能对身边的事物变得冷淡，又或者过分追求被关注和被爱。相信很多家长在看到这些研究结果后，都会下定决心多给自己的孩子一些拥抱。只有这样，孩子才能够获得足够的安全感。也只有获得安全感，他们才能够自信地去迎接人生中的各个挑战。

虽说语言是对话中用来传递想法和信息的载体，但是，孩子在婴幼儿时期还不具备完整的语言能力，那个时候的孩子是怎样与父母建立起依恋的关系的呢？其实，是通过接触。当你抱起一个婴儿，并对他笑时，婴儿也会对着你笑。这个笑容，其实就是婴儿给予你的回应。

比起通过口头进行的对话，这种通过身体进行的对话在感情的传递上更有效果。

在女儿进入小学高年级后，爸爸抱着女儿说“女儿呀，我爱你”时，即便女儿口头上说着“爸爸你干吗呢”，但她心里肯定是美滋滋的。所以，不管是在幼儿园、小学低年级还是高年级，都应该给孩子多点儿拥抱，让他对父母产生更多的依恋感。

请记住下面这句话：“拥抱孩子的话，他的分数就会提高。”

融入读书的对话能够培养孩子的创新能力

每当问起什么叫创新能力，总会出现很多很有创意的回答。虽说很难用一句话来概括这个概念，但是，我觉得可以把它理解成用一种全新的、独特的方法去解决问题或者困境。如今，韩国对于创新型教育特别重视。可以说，现代社会就是由一堆拥有创新能力的人才推动发展的。创新的思维能力是创新思想的核心，这在很多领域上都要用到。

我们试着把知识和灵感看作积木，孩子的脑袋便是储存这些积木的仓库，每个仓库里摆着的积木颜色和数量都不一样。毫无疑问，那些摆放了更多种类积木的孩子能够比那些只摆放着单一颜色积木的孩子堆砌出更加漂亮的作品。

为孩子储存更多大小不一、颜色多样积木的方法，便是让孩子多读点儿书。虽说读书是个人行为，但是，由于孩子年纪太小，在阅读能力上还有所欠缺。因此，要是父母陪孩子一起阅读的话，效果会更加好。那些读完书之后很少与父母交流阅读心得的孩子，与那些与父母一起读完书后交流阅读心得的孩子相比，在创新能力上会有很大的差异。

对书中内容进行提问

对书中内容进行提问，其实是帮助孩子进一步掌握书中的知识和内容。比如说，你可以问“为什么这棵植物叫白菜”“为什么这朵花叫牡丹花”之类的问题。在提出这样的问题时，你就可以知道孩子对于书中内容的了解程度了。此外，你还可以结合“谁”“什么时候”“在哪儿”“怎么”这些词语去组合问题，进而让孩子更加深入地掌握书中内容。

另外，比起光是父亲提问，父女之间互问的形式效果更好。在整个过程中，父女很自然地就会以书中内容为话题进行对话，包括书中出现过的人物、场景以及事件都可以成为父女间的谈资。

就这样，带着一定的任务，女儿不断地整理自己的素材，然后把想法告诉爸爸，而这个时候，爸爸就应该耐心地听女儿说话，然后再跟女儿一起讨论、一起学习。

为孩子念书

为孩子念书是一个很不错的亲子活动，听着爸爸为自己读书，女儿会觉得是在听爸爸讲故事。

要是读完整本书有难度，那就从书中挑一小段读。爸爸应该每天坚持为女儿念一段，并且把为女儿念书看成每天最重要的事情。另外，读书的时候还可以配上一些夸张的表情。

读完书之后，问一下女儿有什么不懂的语法或者词汇，然后当场给她解释。这样可比查字典方便多了，而且有了爸爸的讲解，女儿会更加容易把知识点给记住。

聊书

所谓聊书（Book Talking），即以书中内容作为话题展开对话。爸爸可以向女儿透露书中的一小部分引人入胜的情节，使女儿产生好奇心。比如说，爸爸可以描述男女主角相遇时的情景，然后说一句“之后，他们便……”。这种方法既可以激发女儿的想象力，也可以促使女儿亲自去找那本书看，可谓是一举两得。

当然，在聊书的过程中，除了可以透露一些书中的情节，爸爸还可以介绍一下这本书的作者以及这本书的创作背景。

我经常遇到一些爸爸向我说“到底该跟女儿聊些什么呢”以及“我感觉跟女儿没什么话可说”之类的话，其实，通过读书，这些问题都能够得到解决。

孩子一个人看书的话，虽说也会有一定的效果，但是要是爸爸跟孩子一块读书的话，其效果则是前者所无法达到的。因为通过一起读书这个亲子活动，爸爸和女儿之间能找到更多的对话主题，从而进一步拉近两个人心与心之间的距离。

在这里还需要强调一点，那就是一定要选择合适的书目。当你决定要给女儿讲什么内容后，可以去找关于这方面的图书。在寻找的过程中，一定要挑那些符合孩子年龄段的图书。当然，你也可以上网找一些相关的推荐书单，从书单上挑一些关于你要讲的内容的书籍。

读书对于学业成就的影响是毋庸置疑的。读书就像为孩子的学习撒下了种子，经历了一段时间后，便会开花结果。

爸爸与女儿一起进行的读书活动

读书活动	建议
每天读书20分钟以上	最好做到每天在固定的时间进行
睡前读书	读一些篇幅比较长的书，每天读一点儿，让女儿每天都能有所期待
父母争当读书榜样	父母要经常让孩子看到自己读书的样子
去图书馆	最少每月去一次
去书店挑书	定期去书店给女儿买她喜欢的书

学习成绩的好坏，在一定程度上取决于爸爸

有一次，一群小学教师聚在一起交流教育心得，分别讨论了各自做得好以及做得不够的地方。在讨论之前，大家都把自己的强项和弱项写在了纸上。纸上的内容可以说是多种多样，有的人写自己唱歌好，有的人写自己运动好，有的人写自己不善整理，还有人写自己不会做饭。相比起擅长什么，大多数老师写得更多的是自己做得不好的东西。既然老师都这样，那么学生该怎么办呢?

其实，这就跟韩国球星朴智星总是说自己带球不好是一个道理。朴智星带球真的不好吗？其实不是。但是，当你比较的标准不同，答案也会不同。至于这个标准，有可能是外在的客观的标准，也有可能是自己心里默默定下的一个标准。另外，心里默默定下的那个标准，很多情况下是会受到父母影响的。

“你怎么不会收拾东西呢？每天都这样！”

“你不可能成为一个好的钢琴家的！提醒你多少次了？怎么还是

在同一个地方出错？”

“你总是丢三落四，赶紧看看包，看看今天又落了什么！”

“你还小，是不可能拿起一个装满水的水桶的，赶紧放下吧！”

我曾经认识一个弹古典吉他弹得特别好的女孩，这个女孩从小就喜欢弹吉他，但是她却经常听到有人说她弹不好。在跟她聊天的时候，我发现，这些批评主要源于她的父母。更为可悲的是，她从来没有从父母那里听到过一句称赞的话。其实，在她心里，她最想听到的一句话便是“我们女儿弹得真棒啊”。

当女儿在一件事上被难住了的时候，作为父母的我们应该怎么做呢？没错，我们不应该批评甚至落井下石，而是应该给予她机会以及称赞。

爸爸也有没自信的时候

教育孩子的老师们都会有自己不擅长的方面，作为爸爸的我们也不例外。尤其是当我们为了教育女儿而给女儿做示范时，总会碰到一些没有自信的时候。另外，爸爸也会出现一些可能比女儿还低级的失误。比如打鸡蛋的时候不小心弄脏了鞋子，又或者不小心把桌上的水杯碰倒在地等。

在跟女儿聊天的时候，爸爸不要总是摆出一副完美的姿态。要总是以一副完美的形象出现在女儿面前，会让女儿产生一种自卑感，觉得自己什么都做不好。

当女儿没有自信的时候，可以跟女儿说说下面这些话：

“这件事爸爸也不是太擅长，要不我们一起去做？”

“爸爸在你这个年龄做得也没你好。”

只要这么说，女儿立马就会重新找到自信。在面对学习或者生活中出现的困难时，比起逃避，更多地会选择去挑战。

让孩子变得擅长做某事

世研每天都要被爸爸批评很多次。她的爸爸在小的时候特别厉害，不仅学习好，还会很多乐器，体育方面也很不错。因此，每次世研在跟爸爸在一起的时候，都会受到爸爸的批评。当她做练习有几道题不会解的时候，爸爸又会开始唠叨。

“这种问题怎么可能错呢？你这样怎么能拿100分？”

“要学好英语，背这篇文章算是最基本的要求了。我真的被你气死了，你怎么一点儿学英语的天分都没有呢？”

在这种背景之下，世研会不知不觉地在心里产生一种想法：“我经常犯错，学习又学不好，运动的话体力又跟不上，而且，我连英语都学不好。”于是，她便在心里默认了自己是一个失败的人。

虽说在老师的眼里，世研与其他的小孩相比，并没有特别不足的地方。但是，每当让她发言或者参加体育活动时，没有自信的她总会对老师说“我做不好”。上英语课的时候，即便是她本身具备一定的英语学习能力，也会说“我不想学英语”。父母的过高要求会使孩子失去自信，而这个也是很多孩子学习成绩萎靡不振的原因之一。

现在，让我们来听听京雅的故事。

京雅特别享受跟爸爸待在一起的时间，每到周末或者晚饭时间，她都会跟爸爸待在一起。

“这样的错误根本就不算什么，但是，要是不断地重复犯就不太好了。而且，你下次一定会做好的。比起爸爸，你已经算是很厉害的了，这样的错误爸爸经常犯。”

“爸爸小时候游泳时也是游一会儿歇一会儿，比起当年的爸爸，你的体力强多了。你要是长大了，肯定游得比爸爸好！”

“爸爸上中学之后才开始学英语，当时学得可吃力了，而且学得也不算太好。你现在小学就有这个水平已经很不错了，爸爸感到很骄傲。一定要继续努力哦！”

每当京雅在课堂小测上做错题时，她都会向老师保证“以后再也不会犯同样的错了”。而在上游泳课的时候，虽然她的实力只能算中等水平，却是练得最勤快的一个。另外，在英语课上，京雅从来都不会产生厌倦的想法。

不管是创新能力还是学习能力，这些都得靠在挫折面前不屈不挠才能得到提高。要做到这一点，就必须得拥有强大的学习意识。要是缺乏自信，不敢去面对挑战，即便给孩子提供再好的教材以及再好的老师，也于事无补。

在刺激孩子的创新能力上，爸爸可以发挥非常重要的作用。

你又是一位什么样的爸爸呢？请记住，女儿的未来在一定程度上掌握在爸爸手上。

| 第四章 |

安慰女儿心灵的对话方法

成为共享女儿感情的爸爸

我们在跟理解自己心情的人说话时，会因为对方能够读懂自己的心而获得慰藉。相反，要是不管怎么跟对方说，对方也不能理解自己的心情，我们跟他说再多的话也只会让自己变得更加郁闷。

同样的道理，我们在跟女儿聊天时，要是不能读懂她的心情，即便我们说的话再有道理、再具说服力，也有可能导致父女间的关系恶化。因此，我们在看到女儿伤心或者高兴时，应该先投入到她的情绪中去，承认她们的感情。只有感到自己的感情得到了承认，她们才会觉得自己受到了尊重。

在女儿伤心的时候，如果爸爸能理解女儿的感情，其实就像是为女儿的伤口涂上创伤膏，对女儿摆脱坏心情有着很大的帮助。在理解她们的感情之前，我们必须做到承认她们的感情。

孩子不像大人，虽然自己的感情变化很多，但却不善于表达。因此，很多父母都会忽视孩子的感情。孩子本来就比较情绪化，父母的忽视会给他们的情绪造成更大的影响。

为了能够共享女儿的感情，爸爸必须认真地听女儿说话。在倾听的时候，时不时说一些回应的话，如“嗯”“真的”等，这样做是为了让女儿知道你承认了她的感情。

另外，在对话中，你还可以适度地使用感叹性的语句，如“真……啊”。女儿在听到爸爸说“真让人伤心啊”“真让人生气啊”或者是“真让人不开心啊”等时，会感觉到爸爸也已经与自己一样，感受到了同样的心情。

女儿养的金鱼死了，看着鱼缸里的金鱼尸体，女儿很伤心地哭了，下面我们来看看来自两个爸爸的对话。

♥ 例子1

“呜呜呜……”

“别哭啦，金鱼死在鱼缸里是常有的事，有什么好哭的。”

“呜呜呜……”

“爸爸再给你买，别哭啦，不过就是条金鱼而已。”

“能买回来跟它一模一样的吗？”

“你觉得可能吗？”

“我不要其他的金鱼！这条金鱼最好看了！”

“我再给你买，你别哭啦！”

“不需要其他的！除非你能买回来跟这条一模一样的！”

“你有完没完啊！”

♥ 例子2

“呜呜呜……”

“敏儿最喜欢的金鱼死了，真让人伤心啊！”

“呜呜呜……”

“跟自己最心爱的金鱼分离，的确是一件非常伤心的事情。”

“我每天都给它喂食，每天都在用心照顾它。”

“对啊，我也看到了。敏儿真的是非常用心地在照顾它啊。”

“嗯，现在它离我而去了。”

“的确很让人伤心，要不我给你带一位新朋友回来？”

成为一个能在女儿伤心的时候听她倾诉的爸爸

女儿总会有很多伤心的时候，可能是因为被老师或妈妈批评了，又或者是跟朋友吵架了。这个时候，爸爸应该站在女儿这一边，耐心地听女儿倾诉。对女儿来说，这个便是最大的慰藉了。且先别急着用大人的思维方式去判断，而是应该静静地听她把自己的想法与感情给吐露出来。

把握情感最重要

爸爸在跟女儿对话的时候，经常会出现郁闷或者生气的情况。其实，之所以出现这种情况，是因为双方在对话的过程中产生了一种微妙的情感。要是能够读懂这种情感，就可以使对话顺利进行；要是没能读懂这种情感，就会出现上面所说的这种情况。

让我们来看看一段爸爸与女儿的对话：

女儿：“爸爸，要是想去公园玩，还要等多少个晚上？”

爸爸：“现在再等10个晚上就好了。”

女儿：（嘀咕嘀咕）“真的得再等10个晚上吗？”

爸爸：“喂，爸爸为了陪你去公园甚至都向公司请假了，你怎么还不满意？再这样就别去了！”

女儿：“你不是说喜欢去的吗？”

爸爸：“是你的不满意使得爸爸不开心。”

这时，妈妈开始调解。

妈妈：“为了你，爸爸都向公司请假了，你就耐心地等一下吧！

在把握情感的时候，不能光是把握孩子的情感，还要把握好爸爸自己的情感。爸爸只有把握好自己的情感，才能把情感传达给女儿。只有让女儿知道了自己的情感，对话才能更好地进行。

善良的人也会有各种各样的情感

总有人认为善良的人就不会有不好的情感，其实这种想法是错误的。即便是再善良的人，他们也会有厌恶以及愤怒的时候。

有些时候，爸爸在跟女儿聊天时会产生很多问题和矛盾。这个时候，这位爸爸就会觉得之所以出现这种情况，都是因为自己没有教育好自己的女儿，毕竟别的爸爸就不会出现这种问题。但是，这种想法是片面的。即便是把女儿养育得很好的爸爸，也会有生气发火的时候，只不过他们的表现方式不一样而已。

最近，有很多父母来问我如何教育子女，我给他们提供了这么一个方法："把握好子女的情感以及需求。在把握好情感后，就尽力去忍耐以及满足他们。"

但是，说起来容易做起来难。要想成为一个好的爸爸，就得不断地去尝试把握子女的情感和需求，而要做到这点，最好的办法便是对话。

通过对话来把握女儿的情感以及需求是非常重要的，而且必须得从孩子小时候开始。

只有从小生活在一个情感和需求受到尊重的环境中，孩子长大以后才能更加自然地表达自己的情感。

对女儿的话，我们不仅要用耳朵去听，还要用心去听。此外，平时与女儿聊天的时候，随时都要整理好情感状态。这样做的话，就能够相对客观地把握女儿以及自己的情感。

“所以，你现在是生气了吧。”

“那么，你应该很伤心吧。”

“是不是生气得想打人？”

“看来你是真的很伤心很郁闷。”

对别人说好话，别人才会对你说好话

你知道高手与弱者之间最大的差异是什么吗？高手会把基础的东西看作最重要的东西，不断地反复练习；弱者很多时候都会把基础的东西看作是最简单的东西，稍微学一学就不再碰了。我们在学习一项运动或者一种新事物的时候，最基本的东西往往是最重要的。

但是，人们往往会忘记这一点。比如说，在练习跆拳道或者剑道的时候，一些基本的手法和脚步是最重要的，必须每日练习。可是，大多数人在学习这两项运动的时候，会忽略掉最基础的东西，反而不断地去研究新的技术，这样做只会得不偿失。

其实，对话也是一样的。从古时候开始，我们的祖先们就已经把进行一段成功对话的技巧一代接一代地传承下来。其中非常重要的一点便是对别人说好话，别人才会对你说好话。

不管是孩子们在学校里争吵还是夫妻之间、家长与孩子之间的争吵，他们所说的话都有一个共同点，那就是既让自己生气，又会让别人不开心。虽说大部分人都知道对别人说好话，别人才会对你说好话这个道理，但是他们却没有把这句话灵活地运用到现实生活中去。这样做的结果只有一个，就是不断地与别人发生争吵。

别人对自己说好话，自己才会对别人说好话

几乎所有人都认为，只有当别人对自己说好话的时候，自己才应该对别人说好话。但是，由于人们很难把对别人说好话，别人才会对你说好话这个道理运用到实际上，现实生活中往往是一方在听到对方说出一些坏话后，便以坏话来回应。于是，现实生活中的经验便变成了别人不说好话，我也不说好话。

其实，很多人都误解了对别人说好话，别人才会对你说好话的意思。这句话其实是在强调要对别人说好话，也就是说，即便别人不对你说好话，你也要让自己努力做到对别人说好话。

有一些爸爸在跟女儿说话的时候经常控制不住自己的语气和说话态度，动不动就责备女儿或者说一些难听的话。当询问这些爸爸发火的原因时，他们中大多数都说是因为女儿没有好好听他们说话，又或者是女儿的说话习惯让他们觉得不悦。于是，他们便向女儿发火了。

从现在开始，让我们尝试着对女儿说好话吧！不管女儿对我们说的话是好是坏。只有下了这样的决心，父女之间的关系才能够往正确的方向发展。

即便是大人，也会有说错话的时候。何况孩子还没有建立起一套完善的对话体系，所以有时候在说话的能力上有所欠缺，大人们必须多体谅。

语气是语言的载体

在送别人礼物的时候，越是贵重的礼物，人们就越会为它准备精致的包装。

但是，人们又是怎么对待不怎么贵重的物品的呢？或许只是随便把它放在一个地方，然后就不管它了。食物其实也一样，越是花心思烹调出来的食物，厨师就越重视盛这份食物的器皿。即便是普通家庭里的家常小菜，妈妈一般也会用最好看的器皿去盛做得最辛苦的那道菜。

就对话而言，说话的语气便是语言的载体。要是说话的语气不好，即便内容再好，也会被别人认为是坏话。而且，即便你的原意是好的，要是用错语气，也会使别人很不开心。

很多时候，爸爸出于对女儿的关心，会说一些慰问、关心的话语，但是由于语气使用不当，仍会伤害女儿的感情。为了能够更好地让女儿明白自己的心意，在跟女儿对话时，爸爸应尽量把话说短，语气也稍微轻一点。

但是，要想作出改变其实并不是一件简单的事。就像你给自己定下每天运动10分钟之类的目标一样，这些目标看上去简单，但当你真正去实践的时候，就会发现要坚持下去真的很难。即便你已经认识到了自己在这方面做得不够好，在改正的过程中，你也会遇到许多困难。

爸爸在跟女儿对话的时候，总是希望女儿能跟上自己的思维，于是便不断地责备女儿。于是，为了不让自己做不喜欢做的事，也为了让自己做喜欢做的事，在与爸爸的对话中，女儿也学会用坏话来表达自己的不悦。当然，要是爸爸与女儿喜欢做的事和不喜欢做的事都是一致的话，这倒不是什么大问题。只可惜，在大多数情况下，父女间在喜欢的事和不喜欢的事上面是不一样的。

要是爸爸所要强调的事正好是女儿喜欢做的，事情就比较好解决了，但要是情况正好相反，爸爸的好意就会变成对女儿生活的干涉。从这点可以看出，与其改变别人，不如改变自己。

人们总是想改变别人，但是，其实改变自己的同时也能改变别人。比如说，当别人对你说坏话的时候，你坚持对别人说好话，多说几次，别人也自然会对你说好话了。因此，我们必须不断地练习，让自己在别人不说好话的情况下也能够对别人说好话。

请记住，要想让女儿做一个好女儿，爸爸自己先要成为一个好爸爸。

一句很难说出口的话——“对不起”

我们在跟别人聊天的时候，总会出现一些因为各种各样的原因而伤心的时候。在这个世界上，几乎所有人都有过为被别人的话语伤到的经历。反过来思考，其实很多时候我们也会在说话的时候伤害到别人。因此，我们必须要清楚，话能伤人。

当我们在和一些关系不算太密切或者是压根儿就不熟的人说话时，即便有时候说错话也没太大关系，因为别人会想“他不了解我嘛，不知者不罪”。但是，当我们在跟关系比较亲近的人说话时，话语上稍微使用不当，也有可能会对对方造成很大的伤害。因此，我们因为话语受伤的情况一般发生在与熟人的对话当中，比如说父母、好朋友以及老师等。

为了给第二天参加班级郊游的智秀做菜包饭，智秀妈妈晚上准备了很长时间的材料，当她做完其他的家务活去睡觉时已经很晚了。虽然定了闹钟，但是第二天，智秀妈妈还是稍微起晚了一点。眼看着时间剩得不多，包饭还没做，智秀妈妈开始着急了。

智秀妈妈跑到智秀的房间，对她说道：**“智秀，赶紧起床上学。”**说完后，她便立即回到了厨房。妈妈十分着急，动作的频率极快。但是，看着房间里的智秀仍然一点儿动静都没有，她放下手中的活，再次跑到了智秀房间。

智秀妈妈提高了自己的音调，再次敦促智秀起床。可是，智秀依旧躺在床上一动不动。于是，情急之下，妈妈狠狠地打了智秀的背两下。被打的智秀终于忍不住了，大声叫道：**“怎么还打人呢！”**

这时，妈妈使出了自己的杀手锏，她唠叨道：**“你知道现在几点了吗？你现在要是再不起床就要迟到了！都五年级的学生了，怎么还要妈妈叫你起床？今天去郊游的东西你都准备好了吗？”**

听着妈妈的唠叨，智秀回应道：**“现在几点呀？老师昨天说了，今天是坐公交车去，所以提前10分钟到就可以。”**于是，妈妈的眼睛转向了墙上的钟。即便是这样，时间也挺紧的。感觉到自己没时间唠叨了，妈妈放下一句“现在赶紧去洗漱”就跑回厨房继续做包饭了。

平时只要计划一被打乱，智秀妈妈就会变得很烦躁。今天也不例外，在厨房里做着包饭的她，火气正一步一步地往上冒。她不断地对刚刚洗漱完的智秀唠叨：**“毛巾怎么挂在那里？”“你现在还不知道你穿的衣服在哪里？”“你是不是觉得迟到也无所谓？”**

大清早一起床就被人打了两下背，现在又不断地被人唠叨，心情一直不是太好的智秀终于爆发了，她吼道：**“我不带包饭去学校了，**

要迟到了！”

“都快要做好了！”妈妈也没好脸色地回道。

在快要做好的时候，妈妈还是继续着她的唠叨：**“要是早上早点儿起床做准备该多好，就不至于像现在这么赶了。非得让妈妈替你准备吗？妈妈昨天为了给你准备包饭的材料很晚才睡，你今天竟然说不带包饭去学校，你觉得像话么？”**

结果，智秀把包饭放进书包后，咣地一下狠狠地把门关上离开了。而屋里的妈妈既有着对女儿不理解自己苦心的埋怨，又有着一丝对女儿的歉意。

在学校，这样的事情也经常发生。由于明天有学校组织的考试，老师觉得今天上体育课的话不是太利于学习，于是便把第二天的语文跟今天的体育课给对调了。在看到调整后的课表后，孩子们的脸色都变得阴沉下来。看见孩子们的反应，老师连忙解释道：**“因为明天有考试，今天一定要集中精力复习。要是出去上体育课了，再回到教室就很难集中精力学习了。再说，又不是取消了今天的体育课，只是换一天上而已。”**

虽说老师的解释很合理，但是，孩子们的表情依旧不是太好。于是，孩子们里出现了一些埋怨考试、质问为什么要改课表的以及不断嚷嚷的人。看到这种情形后，老师生气了，他对孩子们责备道：**“有什么好嚷嚷的！别的班都这么做了，我们也应该为考试好好做准备。”**

关系越是亲密，便会越希望从对方那里获得理解

人们总希望跟自己关系好的人能够更好地理解自己。学生们希望老师能够理解自己，而父母也希望自己的孩子能够理解自己。比起那些跟自己不熟的人，希望跟自己熟的人能够更加了解自己其实也是无可厚非的。但是，真要付诸实践的话，却没有想象中那么简单。即便是夫妻或者恋人，要想充分地阅读对方的心也不是一件容易的事。

要想让对方读懂自己的心，最好的方法就是告诉对方自己心里的想法。但是，大多数人在选择表达方式上却比较自私。比如说，为了表达自己不愿意去做某事，他们一般会生硬地作出回复，或者是用一种跟平时不太一样的语气去回答，又或者是深深地叹一口气。这样做，不仅一点儿意义都没有，还会伤害到对方，使对方感到不快。

想让对方理解自己，就必须要多进行对话。也就是说，平时应该多跟对方聊一下自己的心情以及近况。

父母那份看不见的自尊心

对于没能够遵守与子女的约定，大多数的父母都会忙于辩解。就像上面那位改了课表的老师，他也忙于辩解为什么要改课表。

这样的情况多数发生在大人与小孩之间。同事或者朋友之间发生一方没能遵守约定这种事的话，做错了的那一方一般都会先给对方道歉，并请求对方谅解。但是，同样的事情发生在与自己的孩子之间

时，比起道歉，大人们一般都会先解释，并且试图去合理化自己的行为。

爸爸在跟女儿解释自己为什么没能够遵守约定的时候，一般都会说因为自己有重要的事情要做，而当女儿因为对这个理由感觉到不爽而露出不悦的表情时，爸爸就会反过来指责她。

或许有一些爸爸会问，为了这点儿事，有必要向孩子道歉吗？

学校在处理校园欺凌事件的时候，一般都会让欺负人的那一方向被欺负的那一方作出口头道歉。如果事情比较严重，还有可能让欺负人的那一方在公众面前公开道歉。这样的做法可以很好地给被欺负的一方疗伤，恢复他的自尊心以及给予他足够的慰藉。一句来自对方的真心道歉，对于被欺负者那受伤的心灵来说是一剂无与伦比的良药。

爸爸们也应该这样。在没能遵守与孩子的约定时，又或者是在由于生气对孩子作出语言暴力行为（责骂、恶言等）时，也应该对孩子说一声“对不起”。如果你不是真心说出“对不起”，很容易就会被看出来。因此，道歉最基本的一点便是真诚。在作出真诚的道歉之后，父母再去告诉孩子自己合理的解释也不迟。

金无足赤，人无完人。每一天，我们都可能会碰到需要我们说“对不起”的事。这种事情是两个想法不一样的人相处时必然会发生的。而且，一句“对不起”，是对别人最好的慰藉以及对自己最好的反省。

请记住，当你说出“对不起”的同时，也意味着你在作出一个约定，那就是以后再也不会这样了。这也说明，当为同样的事情说第二次以“对不起”时，其真实性也会受到质疑。要是真的到了那个时候，就不是一两句“对不起”能解决的了。

孩子就是父母的一面镜子。孩子要是成长在父母能够经常道歉的环境里，不仅能够拥有极大的自尊，长大了也一定是个乐于向别人道歉的人。

女儿需要安慰的那些瞬间

经验丰富的人即便在面临重大的事件时也不会紧张，相反，没有经验的人即便是遇到一些小事也会惶恐不安。而孩子的年龄还小，经验也不多，因此他们很容易因为父母的一句带有厌恶色彩的话，或者朋友的一句不经意的玩笑而受伤。

因此，比起安慰的作用，把握好安慰的时机就显得更为重要。但是，在遇到这些女儿需要安慰的瞬间时，父母往往只会说一句“这种事谁都会经历的”，然后就不了了之了。不错，很多事谁都会经历，但是，请不要忘了，这可是你的孩子第一次经历这种事。

当我们摔倒的时候，会先给伤口消毒，然后涂上药膏，最后再小心翼翼地贴上创可贴。在接下来的几天只要好好照料伤口，一般的小伤很快就会痊愈。但是，要是不消毒、不好好处理的话，即便是再小的伤口也会慢慢变大，疼痛也会越来越严重。在孩子受伤的时候给他们安慰，就像在小孩受伤之后帮他们处理伤口。也正像给孩子处理伤口需要小心翼翼一样，给孩子安慰的时候也需要十分谨慎，不能随意。

从小生活在父母懂得正确的安慰方法的环境下，孩子自然而然会拥有更好的理解他人的能力，也会从父母那里学习到正确的安慰别人的方法。而要是成长在相反的环境下，小孩在需要安慰的时候便会变得不知所措，也很难去理解别人。

此外，父母的安慰也会影响到孩子的社交生活。毕竟，能够理解他人的孩子长大后肯定会有更多的朋友。

你看！谁让你不听爸爸话的

夏天里一个闷热的下午，熙源和爸爸一起去离家附近的文具店。

“热吗？我们回家之后把昨天买的雪糕给吃了吧。”

听完爸爸的话之后，熙源的脚步瞬间就变轻快了。在炎热的天气底下，能够吃上一口自己喜欢吃的雪糕，对孩子来说的确是一件乐事。熙源两级两级地跑上了楼梯。

“危险！不要急着走，一级一级走上去！”

也不知道是不是太兴奋了，熙源仿佛没有听见爸爸的话，还是两级两级地上楼。结果，一不小心，她的小腿狠狠地撞在了楼梯的边缘上。实在是疼痛难忍的熙源瘫坐在原地，大声地哭了起来。

“你看！谁让你不听爸爸话的！你为什么就不能听爸爸的话呢？”

爸爸的声音变得越来越严厉，继续说道：**“难道非要骂你才行**

吗？求你了，听话吧。你看，这不是出意外了吗？赶紧起来，回家敷药去。”

从表面上看，爸爸仿佛是因为孩子没听自己的话而心情变差，但其实，爸爸心情变差的原因是孩子受伤了。

但是，此时此刻，孩子的心情又是怎样的呢？虽说身体上的伤口很疼，可因为受到爸爸的责骂孩子的心里其实会更疼。女儿在这次意外之后，上楼梯的时候肯定会更加注意的。而且，既便是大人，不是也会发生因为急着上楼梯而摔倒的情况吗？

站在受伤的熙源的立场上思考，她更加希望爸爸对她说一句“熙源疼吗？还好吗”，又或者是抱着她说“忍一忍，待会就好了，回家就立刻给你敷药去”。

通过换位思考，我可以知道女儿需要我做什么。在教育女儿的过程中，必须先去理解女儿的心情，阅读她的心，之后再说教也不迟。

难道不是你做错了吗

从游泳池回来的熙源一进门，便大声地说道：**“我讨厌游泳老师！他是个大坏蛋！”**

看来是发生了什么事，于是我便问道：**“发生什么事了？”**

“秀京跟我一起打水仗被他发现了，他就光骂我，没骂秀京！他真偏心！”

“是吗？”

一般情况下，大部分的爸爸或许都会作出以下的回答：

“是不是你闹得太过分了？”

“上课时间你怎么打水仗呢？”

“不管怎样，你都不能这么说老师呀。”

“老师可能不知道，你就理解一下老师吧。”

大多数的爸爸在面对这个问题时，脑子里的第一个想法会是“肯定是我的孩子做错了什么”。其实，在那个时候，最好的回答应该是“看来你真的是很生气啊”。

要是想介入这件事的话，爸爸可以再问一下孩子事情的具体经过，而要只是想给予孩子一些安慰，让她开心一点儿的话，爸爸只需要把自己调整到与孩子一致的情绪上就行。当然，一定要注意不要做得太过。其实，像这种事情一天会在父女之间可能会发生好几回。爸爸首先需要做的，便是站在女儿的这一边，给女儿安慰。

除了上面说到的那种情况，女儿还会经常碰到一些伤心或者开心的事情，但是很多情况下爸爸都会无视她们的感受。比如说，女儿因为要把养了很久的小狗送给别人而伤心痛苦的时候，很多爸爸只会对她说“不就是一只小狗嘛，至于哭吗”之类的话；又或者是女儿因为一个好朋友要转学了而不开心时，爸爸却说“转学之后不是也能见面吗”。

其实，大多数爸爸内心里都没有做好给孩子安慰的准备。他们甚至会觉得给孩子安慰有点尴尬和难为情。虽然道理都懂，但是实践起来却总觉得过不了心理这关。

但是，爸爸们，你们一定要努力克服这个毛病。在女儿需要安慰的时候，你们必须得站出来，抓住这个增进父女感情的机会。

安慰的方式

请记住，当女儿受伤需要安慰时，爸爸最应该做到的是倾听以及共鸣。在别人需要安慰的时候，倾听往往会比提建议更有效果。对于一些因为受伤而感到郁闷的人来说，他们需要的是一个能听自己倾诉且能够时不时点头表示理解的人。

很多爸爸在女儿受伤的时候，都会立刻给女儿提建议或者亲自去帮女儿解决问题，但是女儿心里却会想："爸爸，你能不能先等我把话说完？"

其实，不仅是孩子，大人也一样。当你的朋友受伤的时候，他们更希望你能听他们倾诉，并时不时地附和一下他们。

会说话且话多的人有很多，但愿意倾听别人说话的人却很少。我们需要安慰的时候，总是需要一些愿意听我们诉苦的人。看看自己不开心时会去找的人，他们哪个不是愿意去听你倾诉并给你鼓励的人？

避开进行会伤害自尊心的对话

自尊心对孩子的成长有着很重要的影响。那么，什么是自尊心呢？所谓自尊心（self-esteem），指的是对自身价值的认可。要是深入剖析自尊心这一概念的话，它主要由两部分组成，一是自我价值，二是自信。自我价值主要是从获得他人对自己的认可程度，以及喜爱程度体现出来的，而自信则是指对自己单独解决问题的信心。

自尊心强的孩子能够很好地去理解他人的心情，是做领袖的好材料。另外，他的积极性、问题解决能力以及调整与朋友间矛盾的能力也会非常出色。

自尊心不强的孩子在面对很小的批评时也会受伤。此外，他们在面对困难的时候，第一个想法便是担心失败。而当他们真的失败时，他们就会想“我果然会失败啊”。他们很容易陷入一个恶性循环，不断地否定自己。

而自尊心强的孩子，在失败面前不会失落太长时间。在经过一定的时间调整后，他们又会重新发起挑战。之所以能够这么做，是因为他们之前有过成功的经历。而正是因为这样的精神，他们成功的概率就会变高。如此一来，就形成了一个不断地自我肯定的良性循环。

对孩子自尊心的形成影响最大的便是父母的养育态度。父母的养育大多都是通过言传身教进行的，从这一点看，其说话的态度对于孩子的成长至关重要。

爸爸们，即便你们做不到用最好的教育方式来跟孩子说话，至少应该做到不说伤害孩子自尊心的话。下面，我们来看看哪些行为会伤害到孩子的自尊心。

阻止

“不行！别淘气！”

“别乱动！”

“包装纸爸爸来拆，你别动。”

很多时候，父母都会阻止孩子做他想做的事，而他们给出的理由往往是他们做不好。孩子的确做不好某些事情，但是这并不代表父母应该剥夺他去做的权利。当然，要是这些事情比较危险或者有可能受伤，父母还是应该适当阻止的。

要是觉得让孩子做家务会有危险，那么父母应该做的不是不让孩子做家务，而是把家里有可能对孩子构成危险的要素去掉。

比如，孩子想把装在玻璃瓶里的水倒到杯子里，父母往往会担心玻璃瓶里的水会洒出来又或者是玻璃瓶掉地上碎掉。这时，父母应该做的是把玻璃瓶换成小塑料瓶。另外，在桌子底下铺一张塑料膜，万一水洒了也好清理。

在孩子进行这些活动的时候，父母应该避免说阻止的话，更多地应该说些提醒的话，如“慢慢来”“小心”等。

指示

“把杯子放在那边！”

“关电视回房去！”

“把书包放椅子上！”

下指示的人通常都会认为自己的指示是正确的。但是，从接受指示那一方的立场上看，对方的指示是对自己判断的一种否定。另外，在下指示的同时，那种带有命令式的语气会给对方带来无形的压力。

当孩子没能够立即对父母的指示作出回应时，父母便会开始用更加强势的语气进行指示。而孩子听到自己讨厌听到的语气时，耳朵就有可能会自动屏蔽掉那些声音。

要是一味地接受父母指示做事，孩子就会在日常生活中处于被动的状态，长大之后也只能成为一个自尊心不强的人。而那些没能够与女儿建立起亲密关系的爸爸们，尤其喜欢对女儿说这种带有命令色彩的话。这些爸爸的做法，毫无疑问地只能使父女心与心的距离越来越远。

批评

“怎么还没洗手！”

“你怎么每天都这样！”

“你怎么连这点儿事都做不好！”

在批评女儿的时候，大部分的爸爸很容易失去分寸。而在接受批评的女儿眼中，只有爸爸发火这个事实，而并没有意识到自己犯了什么错。当自己的行为使对方生气了，你的心情会怎样呢？毫无疑问，你整个人都会充满了消极的情绪。比起希望，女儿想得更多的是绝望；比起挑战，女儿想得更多的反而是放弃。

孩子小自然会毛躁一点儿，但又有什么关系呢？难道大人就没有做得不好的事情吗？换作是你，你是希望父母在你把水洒到地上后对你说“没关系，再来一次”，还是“我都让你别做了，你偏要做”呢？

阻止、指示和批评是伤害孩子自尊心的3个元凶。要是在有这3个元凶的对话中施以强压式的态度，则会使情况变得更加糟糕。强势的对话态度会使孩子产生恐惧，影响到他们的正常成长。而且，在受到强压一段时间后，孩子会出现更严重的问题。

在对话的时候一定要注意保持一致性。在每个家庭里，对于能做的事以及不能做的事的定义不尽相同，对于礼仪的要求也不相同。但是在同一个家庭里，父母对待孩子的态度必须具有一致性，不然就会使孩子产生混乱。比如说，平时女儿看完书忘记整理的话，爸爸会陪她一起整理，但是有一天女儿又忘记整理了，爸爸却对女儿发火。这样的话，女儿就很难认清自己行为的性质了。所以，父母对待孩子的态度一定要有一致性，即便是责骂。

只要不随便说一些如阻止、指示以及批评等会伤害孩子自尊心的话，你基本就可以成为一个好爸爸了。要是你注意到了自己在跟女儿说话时的语气以及语调的问题，就不要光顾着反省，还要勇于去用行动来证明自己的决心。

当然，实践是件非常难的事。因此，需要爸爸不断地努力。要是想知道自己改得正不正确，可以问一下女儿：

“爸爸这样跟你说话你觉得开心吗？”

“爸爸这样做你觉得开心吗？”

第五章

爸爸必须知道的对话技巧

爸爸的语言和女儿的语言是不一样的

爸爸在和女儿对话的时候，经常进行得不太顺利，又或者是会出现一些小矛盾，造成这种情况的其中一个原因，便是男性语言和女性语言的差异。爸爸用男性语言与习惯使用女性语言的女儿进行对话，就可能会产生很多误会。

虽说关于男女差异是否存在还是一个比较具有争议性的话题，但是毫无疑问，男性语言与女性语言之间的差异是存在的。关于这一点，爸爸与女儿对话时由男女性语言差异而产生的矛盾便是实证。

男性与女性是不一样的吗

根据社会学家的研究，一个男性平均每天大概会说1万个单词，而女性则大概会说2.5万个单词。也就是说，女性每天使用的单词量是男性的2.5倍。

当每天要说2.5万个单词的女儿说出类似“我们全家真幸福”或“爸爸和妈妈真爱我”这样的话时，爸爸却会说出类似“行了，我知道了”或者“赶紧睡觉”这样的试图结束对话的回答。毫无疑问，女儿在听到这些回答后肯定是很伤心的。

另外，男性跟女性在说话的方式上也不相同。

在跟儿子聊学校发生的事时，儿子只会大概地说一说；但女儿却不一样，女儿从一踏进家门，便会不断地说她在学校里碰到的事。不管是今天自己所遇到的事、老师的事还是同学的八卦，她都会说出来。不仅如此，就连跟自己没多大关系的其他班的学生的事，她也能拿出来说。

“妈妈、爸爸，今天我们班全体学生都受到了处罚。”

“今天老师好像生气了，脸色有点不太对劲。”

“隔壁班好像有一个新同学加入……”

这个时候，一般的爸爸大概都只会给出类似“啊，这样啊，我知道了”之类的回答。但是，妈妈却会给出另外一种风格的回答，“是吗？新转学进来的同学长得怎样？在哪个小区住？妈妈小学的时候班里有一个从首尔转学过来的新同学，几乎全班女生都喜欢他”。即便是二三十年前发生的事，她都能拿出来跟女儿分享。

男性语言与女性语言不一样

男性语言偏向于目的与结果，而女性语言则偏向于关系与过程。因此，当女人与别人发生摩擦或纷争时，会更加重视如何解决这些矛盾。从这一点上看，当爸爸与女儿争吵时，最为困惑以及受伤最大的往往是女儿。

另外，女性说话的时候更注重与对方交换信息，不仅会对对方产生信赖，还有着减少压力以及转换心情的效果。因此，对那些想跟女儿亲近的爸爸来说，对话就是最好的方法。

“爸爸，你说我是穿连衣裙好还是牛仔裤好呢？”

“嗯？你喜欢穿什么就穿什么吧。”

“爸爸，我是先做作业呢还是上完补习班再做呢？”

“你都上补习班好几个月了，这种事情怎么还问爸爸！”

“爸爸你不懂我的心……”

虽然对男性来说，对话的增多并不代表两者关系的加深，但对女性来说，对话的增多可以加深自己与对方的信任程度。因此，上面的那段对话反映的并不是女儿真的有问题想问爸爸，而是女儿想通过对话来加深与爸爸之间的关系。

有时候，女儿会对爸爸说：**“我再也不想说话了！我再也不要和你说话了！”**听完这句话后，爸爸首先会说：**“你说什么？你怎么说这种话？”**然后继续生气地说：**“好，我知道了。你不喜欢说话就别说了。”**然后，父女便开始了冷战。但是，其实女儿在说出那句话时，心里想的并不是如何如何讨厌爸爸，而是“在我消气之前，爸爸赶紧来哄我一下”。

要是你不具备与女儿对话的能力，至少可以做到默默地倾听女儿说话，然后时不时说点儿如“是吗”“真的吗”以及“啊，真的好让人伤心啊”之类的话附和她。其实，女儿在倾诉的时候并不是真的很想让爸爸帮她解决问题，大部分情况下只是想跟爸爸分享一下自己的心情而已。

女性不仅说话能力强，在非语言特征的观察上也很强。爸爸在说话的时候只会把焦点放在事实上，但是女儿则会留意爸爸说话时的表情、语气、声音以及心理状态等。因此，爸爸在跟女儿说话时不仅要注意自己说话的内容，还要在说话的表情、语气以及肢体动作上下一番功夫。

要是爸爸在说出“是吗”“知道了”或者“爸爸向你道歉”之类的话时，身体没有朝向女儿，或者是表情不够真诚，又或者是语气不够亲切，女儿就会认为“爸爸还在生气”或者“爸爸说的不是真话”。

男性和女性的大脑构造是不一样的

如今，一些脑科专家证实，女性和男性在表达情感时所使用的大脑部位是不一样的。而且他们还表示，女性与情绪以及记忆形成有关的部位要比男性的发达。这也说明，女性比起男性要更善于表达感情以及记住一些琐碎的事情。这也是为什么有些事情女性记得比男性清楚的原因。

有时候，一些对爸爸来说非常琐碎的往事，对女儿来说却如同刚刚发生过一样。女儿甚至可以记住爸爸很久之前跟自己说过的话以及做过的事。因此，女儿经常会生气地对爸爸说一些“爸爸上次明明不是这么说的，为什么现在变了”“你明明答应陪我去公园玩的，为什么说话不算话”之类的话。

正是由于这个原因，爸爸在和女儿说话以及在她面前作出某些行为时一定要慎重。当自己没能遵守与女儿的约定时，一定要尽量耐心地跟她解释原因。

千万不要生气地说“爸爸这不是要忙着挣钱吗，哪有时间陪你”或者“你怎么就不能体谅一下爸爸呢”之类的话，一定要用一种诚恳的语气道歉，然后让女儿说一说惩罚方案。

怎么样/为什么

在一个悠闲的周日下午，孩子们都在小区的操场上玩耍，只有女儿在操场边的长椅上坐着，脸上露出不开心的表情。

看到孩子这样，一边的爸爸感到心疼。于是，他便走过去问女儿：**“为什么一个人在这里坐着呢？”**

女儿什么话都没说，还是在那儿坐着。

于是，爸爸稍微提高声音地继续问道：**“为什么要这样呢？为什么不回答爸爸？”**

爸爸被女儿的沉默弄得既郁闷又难受，而女儿的脸色也变得更加深沉，甚至还流下了眼泪。

爸爸刚开始还在为女儿感到心疼，而看着女儿对自己不理不睬，爸爸的情绪便由郁闷转向生气。

“你到底为什么要这样？”

女儿一边哭，一边大声说道：**“不知道！不跟爸爸说话了！”**

“为什么会这样呢？明明自己什么话都没说！哎，真郁闷！”

现在，即便知道女儿为什么会这么不开心，也很难开心地在操场玩耍了。毕竟，不管是女儿还是爸爸，他们现在心里的唯一情绪便是不开心。

那么，要是换一种方式去提问会怎样呢？

“你应该很想跟朋友一起玩，可是又不知道该怎样跟他们玩在一起是吧？”

“应该怎样跟他们玩呢？”

“在各自意见不一的时候，应该怎样去解决矛盾呢？要不去跟他们聊一下？”

“我想，在跟朋友产生矛盾的时候，要勇于把自己的想法说出来。”

“真让人伤心。现在应该怎样做才好呢？”

尝试去接受女儿现在的状态，然后跟女儿一起去寻找解决的办法，这样不是更好吗？虽说追究问题的原因很重要，但是，比起追究原因，爸爸更应该做的是与女儿一同寻找解决的办法。爸爸可以不断地给出一些建议，或者问一些以怎样组成的问题，直到女儿肯开口说话为止。

“为什么要这样呢？”

“你那时候为什么要那样做呢？”

“为什么要用脚踢门？”

“我实在不理解你为什么要这样？”

“为什么你不做我布置给你的作业呢？”

“我都说不要做了，你为什么还要做？”

“你为什么要抢妹妹的玩具呢？”

我们在跟子女对话的时候，经常会使用“为什么”这个单词。那么，我们是真的因为想知道一些东西才问“为什么”的吗？

个人心理学创始人阿尔弗雷德·阿德勒（Alfred Adler）曾说过，人类有着自我改变的能力。正是由于这个原因，通过对话去给女儿建议可以减少女儿对父母的依赖，使得她的自立能力得到加强。

当我们在用“为什么”来发问的时候，仿佛是在强迫女儿去辩解。当你真的想去知道原因的时候，不妨采取温柔一点儿的问法，比如问：“你这样做有什么原因吧？”在一种强压的环境下用“为什么”来提问，难免会让女儿产生一种防备的心理。而当女儿随便说一些理由来辩解的时候，你又会非常生气。正因如此，大部分由“为什么”问句开始的对话，最终都以争吵为结局。

相反，你要是用“怎样做才好呢”或者“你想怎样做呢”这种句子来提问的话，便可以把整个问题的方向移到未来。比起追究过往，爸爸更应该让女儿学会展望未来。对女儿来说，她也更希望爸爸安慰自己并与自己一起想出解决办法，而不是一味地追究原因。

称赞不得法
也会成为毒药

近年来，人们越来越关注称赞给人带来的影响，市面上也有着各种各样关于称赞的书籍。毫无疑问，称赞的确能给人带来十分积极的作用。在很多关于父母教育的课程中，会经常听到“好的称赞甚至能使鲸鱼跳舞”之类的话。

但是，从我对好几个家庭中所观察到的情况来看，称赞也有无法发挥作用的时候。而且，有一些孩子明明应该得到很多称赞，但是得到的批评比称赞还多。还有一些孩子，明明没做什么特别的事，却会无端收获称赞。父母对待孩子时，要是不能掌握称赞的方法，最终只会害了孩子。

所谓称赞，指的是用美好的词汇来评价别人的一些优点以及出色的成就。在称赞孩子方面，父母以及老师扮演着非常重要的角色。因为只有他们才会通过日常的交流来发现孩子微妙的变化以及给予称赞。

平时习惯赖床的孩子遵守了与父母的约定，一大早便自己起床，又或者是自觉地整理自己的鞋子，父母才有机会对孩子的这些行动表示称赞。同样的道理，孩子以前一直都没有提前把上课用的书摆在课桌上的准备，经过教育后，现在孩子每节课上课前都会把教材摆在桌上。对于孩子这样的行为，老师才有机会进行称赞。父母与老师有一个共同点，那就是他们都能够持续地观察孩子并找到他们变化了的地方，从而对他们进行称赞。

在一个孩子成长的过程中给他带来重要影响的人，被称为“重要他者（Significant Other）”。孩子上幼儿园或者学校之前，给孩子带来重要影响的是父母；孩子进入学校以后，另一个重要他者——老师便登场了。重要他者是孩子社教化过程中非常重要的一个学习、模仿的对象。

对孩子来说，即便是同一句称赞，从父母或老师那里听到永远都比从别人那里听到更有满足感。

但是，错误的称赞方式反而会带来反效果，还可能使孩子日后变得过度自我。称赞就像药，适当服用可以使病者痊愈；但要是滥用药物的话，良药也会变成毒药。

称赞要及时

虽说父母不可能总在孩子身边，但如果可能，父母应该尽量在孩子作出值得称赞的行为后立即给他称赞。当然，你要是不能及时做到，晚一点儿也还是有用的，只是效果没有及时称赞那么好。

孩子在受到称赞以后，很容易变得开心，而他们的喜悦也会马上显露在脸上。有些时候，孩子为了能得到称赞，会更加努力地去做父母喜欢的事情。对这些孩子来说，父母称赞的推迟或吝啬会让他们无比失望。因此，父母请记住，称赞要及时。

不要用物质奖励来代替称赞

“既然你好好学习了，我就奖励你一点儿零食吧！”

“既然你遵守约定了，那就买支雪糕给你吃吧！”

有些时候，父母会用一些物质奖励来代替称赞，以表达对孩子行为的肯定。但是，要是每次都用物质奖励来代替称赞，会使孩子做起事来变得更加功利。比如说，在打扫房间之前，他可能会问父母“我要是打扫房间了，你给我什么”。当你提供不了他想要的物质奖励时，孩子便不会再去做那种值得称赞的行为了。因此，当孩子在学习上遇到瓶颈的时候，请切勿用物质奖励来代替称赞。

进行亲切的身体接触吧

当孩子做了一件让你觉得值得称赞的事情时，比起简单的口头称赞，一些轻微的身体接触会取得更好的效果。不管是轻微地抚摸他的头、拍拍他的肩膀还是简单地击个掌，都能给他很大的欢乐。这样的身体接触其实就是在告诉他“爸爸非常开心”。

有时候，跟女儿击掌或者做其他身体接触，也可以达到口头称赞所能达到的效果。因此，爸爸们，请多跟女儿做一些身体上的接触，让女儿多感受一下你对她的关心。当然，你若是不太习惯身体接触，可以对她竖起大拇指。即便这样，达到的效果也是非常好的。

比起告诉女儿她是如何如何厉害，还不如用抱一抱她来得直接。毕竟，拥抱永远都比口头称赞要强。

比起结果，更应该称赞过程

一天，女儿在学校里获得一张奖状，带着一脸幸福的表情回到了家。一进门，她便从书包里掏出奖状，大步流星地走到爸爸身旁。这个时候，爸爸应该怎样给她称赞才好呢？

大部分的父母都会把称赞的焦点放在获得奖状这个结果上。虽说获得奖状的确值得称赞，但是要是把称赞全部放在奖状上，当孩子以后没能获得奖状时，就会变得非常失落。

因此，让我们称赞一下她为获得奖状而努力的那个过程吧！比起结果，过程更加重要。

“为了准备读后感大会，你一直都很努力地去读书呀。看到你的努力获得了回报，爸爸真的很开心。即便时间不算太充裕，但你依然坚持把书读完，爸爸真的觉得很自豪。”

此外，对过程进行称赞，也可以为将来在孩子没获奖时安慰孩子做铺垫。

在孩子的成长过程中最重要的一个特质，便是为了一个目标而不断努力奋斗。要是只重视结果的话，就会忽略过程的重要性。奖状仅仅是努力过后的一个赠品，真正重要的还是努力奋斗的过程。

避免称赞孩子的缺点

总有些时候，父母会称赞孩子的缺点。在孩子的立场上看，这种称赞很可能会变成一种嘲弄。

举个例子，要是女儿字写得不太好，父母却称赞她说“字写得真好呀”。这样的做法只可能带来两种结果，一种是爸爸的态度伤害了女儿的自尊心，另一种则是让女儿产生自己的字写得真的很好的错觉。

面对孩子的缺点，比起称赞，父母更应该去鼓励。比如说，可以对字写得不好的女儿说“你的字写得比以前好多了，你在不断进步啊”或者“你只要再用心一点，肯定能写得更好”之类的话。

避免过度地夸奖

无条件地过度夸奖，会使孩子变得自我。因此，当女儿的画画得不是太好的时候，千万不要跟她说“你画得真好”“你肯定能成为最好的画家”或者“没有人比你画得更好了”之类的话。

对那些画画确实画得好的孩子来说，这样的称赞可以让孩子形成良好的自信，但是对一些画得一般的孩子说出这样的称赞，只会使他们建立起被歪曲了的自我。

其实，在小学一年级里，大多数孩子画得都不是太好。为了鼓励自己的孩子，很多父母只要看到孩子画画就会不断地称赞他们。

这样做的话，会使孩子的学校生活出现问题。终有一天，孩子感觉到了自己的画与朋友的画之间的差距，认识到自己的技术比不上朋友的。不久之后，她会因为朋友的一句“你这画怎么画得这么差”而受伤。而从那个瞬间起，她就会决定再也不画画了。

真棒、真好这类称赞的确有着增强自信的作用，但是用得不好的话，就可能会有反作用。

因此，称赞虽好，但请避免过度的称赞。

5句称赞，1句提醒

“都会自己主动穿衣服上学啦，真棒！但是，鞋子怎么摆得乱七八糟的？”

当听到这样的称赞时，孩子是不会觉得自己被称赞了。当然，比起先批评后称赞，先称赞后批评还是相对好一点。但是，可能的话，父母们最好把称赞和批评分开。

孩子经常会把父母的提醒或者指示当成是唠叨，很重要的一个原因便是批评的频率比称赞要多得多。要是平常多称赞一下孩子，只是必要的时候才稍微提醒一下他，孩子就不会把这些建议当成是唠叨了。

其实，不仅是孩子，大人们也是这样的。在职场上，当你做错了一件事时，别人要提醒你的话一般都会非常客气地说“把这个地方稍微改一改你觉得怎样”。但是，要是别人对你说“你做错了，不应该这么做的”，你便会觉得那个人不是在给建议，而是在刁难你。

这样的唠叨对于改变别人的行为或者促进其进步是一点儿帮助都没有的。因此，我觉得称赞与提醒的比例应该控制在5：1。也就是说，说完5句称赞之后才说1句提醒。这样做的话，会比光是提醒要管用得多。

夫妇之间的相处也是同样的道理。女方千万别把男方的缺点像单子那样列出来，一定要多说一下对方的优点，然后再稍微说一下对方的缺点。

有一些爸爸总认为自己的女儿一无是处，那是因为他们都在用衡量大人的标准来评价孩子。我建议这些爸爸放下自己的那套价值判断思维，认真地去发现孩子的长处。当然，要是能够自己弄一个小册子，把一些女儿做得好的地方或者需要改正的地方记录下来，那就更好了。

经常受到称赞的孩子在面对批评与刁难时的承受力也是非凡的。可以说，称赞是抵御刁难和批评的一剂预防针。

关于对女儿称赞以及提醒的列表

女儿做得好的地方	女儿需要改正的地方
· 画画的时候把人脸画得特别好 · 笔记做得好 · 能拧紧水瓶的盖子 · 善于挑选自己喜欢看的书 · 字写得工整 · 懂得自己换衣服 · 在父母累的时候帮忙做家务活 · 给妹妹读书 · 刷牙刷得很干净 · 把水瓶从冰箱里拿出来用之后会主动放回去	· 穿完的衣服到处乱放 · 用橡皮后不会把橡皮屑清理干净 · 读完的书到处乱放

告诉孩子称赞的理由

称赞的时候，一定要告诉孩子你因为什么而称赞她。如果女儿自己把房间打扫得很干净的话，就称赞她把房间打扫得很干净；要是女儿帮妈妈做了家务活，就称赞她帮妈妈做家务活。此外，你还可以通过具体的描述来称赞她，如“房间真的非常干净”或者“整个书桌简直一尘不染啊”。记住，切忌说一些空泛的话来称赞孩子，如“真懂事”或者“做得好”等。

父母在称赞孩子时，要告诉孩子她所做的事哪一点给别人带来了便利、因为哪一点受到了称赞。只有这样，才能够让孩子形成一个比较正确的判断力。如果你是那些很难把称赞说出口的爸爸，只需要把你感觉到的东西说出来就行。

称赞要具有一致性

要是爸爸总是按照自己的心情来决定是否称赞孩子，就会使孩子对事物的判断产生混乱。另外，爸爸和妈妈称赞的标准不一致，也会导致这种后果。

爸爸根据自己的心情来决定是否给孩子称赞是个非常不好的习惯。称赞的目的是为了让对方知道自己所做的事情是有意义且值得肯定的，要是爸爸在称赞的时候没能够掌握一致性，同样一件事情上次给孩子称赞了，这次却不给，就会使孩子开始怀疑爸爸称赞的真实性。

孩子是一个还没成熟的个体，作为成熟个体的爸爸在跟孩子聊天时，应该确保对孩子的评价不受自己的私人情绪所影响。要是不能做到这一点，孩子很多时候就会成为爸爸的“出气筒”。在这种环境下，孩子是不可能健康成长的。

父母双方对孩子的评价标准要是各不相同的话，很容易给孩子造成认知上的混乱。为了避免出现这种情况，父母之间应该多加沟通，一起制定一个共同的评价标准。要是做不到这一点，很可能会让孩子在爸爸面前做一套，在妈妈面前却做另一套。这种后果明显不是父母所愿意看到的。

经常给孩子鼓励、称赞与提醒的爸爸和经常批评孩子而且啰啰唆唆的爸爸，你更愿意成为哪一种？经常给孩子鼓励与称赞的老师和经常批评孩子的老师，你更愿意孩子碰到哪一种？

经常受到称赞以及鼓励的孩子，很自然地就能在成长的过程中会学会称赞以及鼓励别人的方法；而经常受到批评与指责的孩子，更多的是学会批评与指责别人的方法。其实，孩子未来成为什么样的人，决定权掌握在父母手中。记住，为了家族的幸福，努力是必需的。

在接受称赞的时候，孩子的大脑里会分泌出一种名叫“多巴胺（dopamine）”的物质，这种物质能够增强孩子的免疫力以及促进其身心发育。

让我们把称赞作为爱的礼物来送给我们的宝贝女儿吧！

给那些不善于称赞孩子的爸爸一些建议

把自己的所见所闻所感就这样表达出来	
情况	女儿在吃完饭后主动把自己的碗和筷子拿进厨房洗干净
所见	“桌子上好干净啊，用过的碗和筷子都拿进厨房了。”
所感	“妈妈一个人把所有的活都干了会非常累的，谢谢你帮妈妈分担了一部分家务。”

脾气不应该忍，而应该管理

很多时候，爸爸跟女儿对话失败都是因为爸爸没能够忍住自己的脾气。但是，不可否认，对大部分爸爸来说，即便再努力也很难控制住自己的脾气。没错，愤怒可以说是所有情感里面最难控制的，但是为了与女儿更好地进行对话，爸爸必须好好管理自己的火气。

要是因为发火而把原本好好的对话变成批评、指责以及刁难的过程，爸爸就会给女儿的心灵带来严重的创伤。而且，在发火时说的话根本就不算是对话。毕竟，在情绪失控的时候，要想好好说话基本上是不可能的。在跟比自己年长或者同岁的人交流时，爸爸或许能够稍微收敛一下自己的脾气，但在跟与自己相比处于弱者地位的女儿交谈时，爸爸却把平时压抑着的火气一下子发泄到了女儿身上。

因此，比起忍住自己的脾气，爸爸更应该去管理自己的脾气。要是没能在平时很好地把压抑着的脾气给发泄出来，在跟女儿交谈的时候便会很容易出意外。而一旦在与女儿的对话中出现这种负面的情绪，便会恶化父女之间的关系。而且，这种情况一旦发生了第一次，便会有第二次、第三次，最后形成一个恶性循环。因此，我们必须在这种恶性循环出现的初期把它的根拔掉。

在描述家庭对话时，我们往往会用到因果循环这个词。比如说，如果妈妈经常干涉孩子的活动，使得孩子没有得到锻炼的机会，那么孩子自我解决问题的能力就不会提高。自我解决能力不提高，就使得妈妈更频繁地干涉孩子的活动。

现实生活中这种例子可谓是屡见不鲜。妈妈总会在上学前帮孩子准备各种东西，使得孩子没能养成自己收拾的习惯。于是，看到孩子不会自己收拾东西，妈妈就会继续帮忙收拾。

在日常生活中，爸爸和女儿经常会因为双方都不肯让步而使局面陷入僵持。这种时候，任何一方稍微作出改变，问题就会迎刃而解。当然，改变的一方既可以是爸爸，也可以是女儿。但是，作为父母，爸爸的让步会使问题更加容易得到解决。

火气是关系恶化的信号

要是经常会发火，而且每次发火之后都会后悔，就证明你经常会作出一些自己认为是错的事。有时候，你会因为女儿没能立刻按照你的指示去行动而发火，有时候你会在跟女儿一起学习时发火，甚至有的时候当你在看孩子或者做家务时也会莫名其妙地发火。爸爸们平时可以认真观察一下自己，是不是存在着某种发火的固定模式。

毫无疑问，像上面这些莫名其妙的发火，问题出自爸爸。我给这些爸爸的建议便是，尝试把自己发火的原因都记录下来，然后跟女儿交流。比如说，你觉得自己经常会因为女儿没有立刻对自己的话作出回应而发火，那么你可以反过来问一下女儿，她什么时候或者遇到什么事情会生爸爸气。

在了解双方各自会因为什么而发火后，父女双方就得作出约定，答应对方努力去改善这种情况。但是，要是相互努力了很长时间而情况还没有任何改善，那么父女就应该去一些专门处理家庭矛盾的专家那里寻求帮助。

火气不能忍，而应该管理

谁都会发火，根据美国精神医学会的研究，有一种疾病叫作愤怒综合征（Anger Syndrome）。正如每个人都会有自己独特的解压方式那样，每个人控制脾气的方法也不尽相同。

很多爸爸在对女儿发完火以后，都会立马感到后悔。虽说每个爸爸发火的形式是类似的，但是他们的“着火点”却因人而异。

比如说，女儿在吃饭的时候不小心把桌上的水给弄洒了，把自己衣服也给弄湿了。针对这种情况，有的爸爸会说：“没关系，你先进房间把湿了的衣服给换了，这里爸爸来处理。”但是，也有的爸爸会说“你怎么每次都这么不小心？我不是让你注意点儿的吗？你是不是故意气我的呀！”

孩子越是被骂，犯错就会越多，而他犯错越多，挨骂的次数也会越多。这是一个恶性的循环。忍着自己的火气不是件好事，爸爸应该找到一个合适的方法去释放自己的火气。

我们先假定生气的等级有5级，1是最低级，5是最高级。要是把3作为发火的“燃点”，那么只要是超过了3，人们就很容易到达4或者5。但是，要是稍微冷静一会儿，生气的等级就会慢慢地下降为3、2或者1。而再过一会儿，就会变成0。因此，当爸爸遇到生气等级为3的时候，最好先花一小段时间让自己冷静一下，这样才有可能以一种平和的心态去跟女儿开展对话。

管理脾气的方法有很多，但是，最有效的莫过于花时间让自己冷静下来。在自我冷静的这段时间里，脑子里最好这么想：“这仅仅是生活中很常见的一件事，在任何时候任何地方都可能发生。因此，没有必要为这种事情生气。”只有经过这样的思考，才能够使自己更加合理地行动。遗憾的是，很多爸爸在自己生气的时候，并没有给自己冷静思考的时间，而是直接带着这份感情去跟女儿对话。

通过事先约定来避免争执

有的爸爸特别受不了女儿在没有任何提前通知的情况下晚回家，而有的爸爸则特别讨厌女儿回答自己的问题时心不在焉。另外，父母双方对女儿的要求也不一样。有些事情爸爸不喜欢，妈妈则觉得无所谓；而有些事情妈妈觉得不喜欢，爸爸却觉得无所谓。

要是反复出现争执的情况，爸爸与女儿可以尝试去做一些约定。虽说爸爸教育女儿时最常用的方法是说教，但是，说教往往不能改变女儿的行动。因此，比起说教，做约定的方法更具效率。

首先，爸爸可以与女儿相互把对方会让自己生气的事情写在一张纸上。记住，这里说的是相互，也就是说，在爸爸写女儿让自己生气的事的同时，女儿也要在上面写上爸爸让自己生气的事。在写完之后，父女二人必须各自保证尽力去避免再做让对方生气的事。如此一来，约定就形成了。此外，父女二人还得定下违反约定的惩罚措施。要是谁违反了约定，就要按照约定进行相应的惩罚。

比如说，女儿保证脱完衣服后必须得把衣服挂在衣架上，而爸爸则保证不总是在女儿面前说教、不强迫女儿吃不喜欢吃的东西等。关于不喜欢对方做的事，必须一项项列清楚。

在做完这样的约定后，父女双方都能够进一步了解对方，知道自己做什么事的时候会让对方生气。通过这样的方法，父女关系就会在两个人的共同努力下得以改善。

像大声吼叫、扔东西以及用脚踢东西这样的行为，是宣泄情绪的几个方法。但是，并不是每个人生气的时候都会这么做。

父女对话过程中，爸爸的很多行为在女儿看来都是不可理解的。而这些行为中，就包括爸爸在发火的时候总爱大声吼叫以及乱扔、乱踢东西。而当女儿因为生气作出同样的行为时，爸爸就会变得更加生气。于是，总有孩子会问，为什么这些行为爸爸能做而自己却不能。

当被问到为什么会作出这种行为的时候，爸爸就会辩解说自己当时因为太过于生气才会这么做，再说一些“生气了自然就会骂人或者乱扔东西呀”之类的话。但是，这个辩解是很不合理的。

与其说这是生气时会做的行为，还不如说这是生气时爸爸允许自己做的行为。对于这样的行为，自己会用当时很生气为借口辩解，而其他人（女儿或者儿子）作出同样的行为时却告诉他这样做是不对的。

在女儿心中，爸爸在生气的时候，总是会作出一些让人难以接受的行为。而在生气过后，又会去为这些行为辩解。但是，子女是父母的镜子，父母做了什么，子女们便会跟着做。这种情况在年纪小的孩子身上更是明显。毕竟，对于这些孩子来说，他们能够学习的对象只有自己的父母而已。

试想一下，当你在和其他人聊天时，对方突然对你发火，然后还一边大声说些“你怎么这样”“我让你干嘛你就干嘛”之类的话，一边乱扔东西，你的心情会怎样？

你再想想，当你对女儿发火时，你对女儿说些“闭嘴”“你怎么这么多事”或者“我真搞不清你的性格到底像谁”这样的话，而且还扔她的书或者踢她的书包，女儿的心情会怎样？别忘了，你所做的一切，女儿都会记得清清楚楚，将来她也会作出同样的行为。

其实，发火只是一个人无数情感中的一种。不管是发火还是喜悦，那种情感在经历一段时间的冷却以后，都会慢慢地被消磨掉。因此，当你觉得应该教训一下女儿的时候，最好先让自己冷静一下。

当你发火的时候，你说的话只会使女儿产生恐惧，达不到任何教育的效果。

在你想要发火的时候，不妨暂时让自己坐在椅子上深呼吸，心里默默地从1数到10。另外，暂时让自己的嘴巴消停一会儿也是个不错的选择。在这个过程中，你可以更好地整理自己的思路，弄清楚自己到底应该怎样去展开对话。当你生气地教育女儿时，肯定会作出一些相对比较暴力的行为。这样的过程与其说是教育，还不如说是你在宣泄自己的情绪。而当事情过后，你的心情变好时，便会为自己刚才所作的行为感到后悔。为了避免这种情况，爸爸们一定要在自己生气的时候花点儿时间让自己冷静下来。

记住，在让自己冷静的过程中，最好一边深呼吸，一边在心里默数。同时，你要给自己灌输“我现在正在气头上，等待会儿气消了再跟女儿对话吧”的想法。

集中注意力，耐心倾听

所谓倾听，便是用耳朵去听取别人说的话。而从谈判学的角度分析，倾听则是指从对方的语言性及非语言性表达，或者明确性及非明确性表达中理解对方的主要意思。

我经常会跟一些被其他老师称为问题少年的孩子聊天。在和他们聊天的时候，我发现他们并没有想象中那么差。对话刚开始时，他们会用一种青少年独有的叛逆的态度来说话。但是，当对话进行一段时间之后，他们便会一改之前的态度，慢慢地对你敞开心扉。在完成这段对话之后，他们中大多数人都会说这么一句话："我一直都没遇到过能把我的话全部听完的大人。"

在与他人进行对话的时候，最基本的原则便是倾听。耐心地倾听别人的话，不仅是替别人着想的表现，更是显示对对方的真诚以及尊重。

很多情况下爸爸与女儿的关系，就是一个拥有权力的强者与弱者之间的关系。在对话的时候，做什么事、买什么东西，这些事情的决定权几乎都掌握在爸爸手中。

这样的关系已经深深地内化在父女之间的对话中，因此在对话之中，爸爸的态度通常都是比较强势的，很多时候都不会把女儿的话听完。而且，对于女儿所说的一些事情，爸爸更多的是用一种大人的思维去理解。在他眼里，孩子的一些事可能根本就不算是事情。其结果便是爸爸总没耐心把女儿的话听完。

这样的态度是爸爸在对话中一定要避免的。爸爸和女儿存在一定的代沟，而这种代沟是需要用倾听来消除的。

上文所提到的那些所谓的问题少年，不管在学校还是在家庭，他们中的绝大部分都很难找到一些能够把自己的话听完的人。在认识到这个问题之后，他会慢慢地产生一种感觉，那就是没有人想听自己说话。于是，在跟别人聊天时，他们总是不会把自己内心的想法吐露出来，而只是说一些话使对话尽早结束。

有人说过："对话就是倾听。"有些人特别会说话，她总能够通过自己的语言技巧去说服别人，把自己的主张灌输给别人。可是，像这种以自我为中心的对话，是不可能成为幸福的对话的。要是说的话没有人听，就不过是自言自语罢了。

对我们来说，倾听是一件很难却很需要去学习的事情。只有学会了听别人说话的技巧以及正确态度，再拥有一颗为别人考虑的心，就能够做到倾听了。

要想做到倾听，不能光说不练

其实，女儿也有很多时候不会把爸爸的话听完，总是会在中途插话。下次要是再出现这种情况，爸爸先不要去责备女儿，而是要静下心来听女儿说完。这里说的听并不只是单纯地去听，而是需要去感受女儿话语里的情感。而且，爸爸还应该时不时附和一下，让她知道你在认真听。

比起说话，倾听需要更多的耐心。善于交谈的人更多的是指那些善于倾听的人。作为孩子的父母，爸爸应该做到让孩子把自己想说的话都说完。

倾听时需要拥有的态度

想要让女儿感受到你在倾听她说话时的真诚，必须做到下面几点。这几点虽然并不是很难的事，却会给女儿很大的幸福感，也会对改善父女关系起到很大的帮助。

♦ 对话的时候注意眼神交流。这是让女儿知道你在认真听她说话的最基本的动作。

♦ 适当的表情变化。时不时露出一些惊讶或者担心的表情，让女儿更加信任你。

♦ 说一些附和的话。通过说一些“原来如此”“真糟糕”之类附和的话，能够让女儿知道你能够理解她的感受。

♦ 问些问题。提出如“那么你是怎么做到的”等，可以让女儿感受到你对她的关心。但是，要避免问“你为什么要那么做”这类带有批判性色彩的问题，因为这样会让女儿产生“爸爸根本就不能理解我的感受”的想法。

学会观察非语言性信息

在倾听的时候，还要注意观察对方的表情以及动作等非语言性信息。通过观察说话者的表情、动作以及声音，可以体会到对方的情感，如不安、愤怒以及尴尬等。在跟女儿对话的时候，爸爸一定要改变自己平时的毛躁，尝试去好好地观察一下自己平时没有用心留意的东西。

一些在校园暴力中去世或者在学校里受到欺凌的孩子，他们的父母往往就是因为没有准确阅读到自己孩子的非语言性信息，才导致了悲剧的发生。这些父母大多只会说“没关系”或者“不是什么大事”这样的话，并且忽略孩子跟往日不太一样的神态。作为父母，应该尽力去创造良好的对话环境，让孩子把自己烦恼的事情说出来。而在孩子说话的同时，父母应该用心去观察他们的表情及其他非语言性信息。

孩子要是遇到一些能够自己解决的事情，父母应该给机会让他们自己解决。而孩子要是遇到一些自己解决起来有点困难的事，父母就应该给他们提供一定的帮助。为了更好地阅读他们与平日不同的情感，父母应该尽可能多地与他们进行交流。

要是父母在跟子女对话的时候发脾气了，那么对子女来说，父母的话根本就不是什么教育，而是野蛮的表现。于是，子女们便会刻意避免跟父母对话。要是父母真的有些想让子女知道的东西或忠告，一定要在听子女们说完自己想说的后再说。而且，比起直接去批评女儿做得不对的地方，通过一种婉转的方式去指出她的错误会比较有效果，比如说些“爸爸觉得这样做会更好，你觉得呢”之类的话。

倾听对于了解对方的想法有着很大的帮助。而且，对于从那些愿意听自己说话的人口中说出的忠告，人们会更容易去接受。另外，父母良好的对话态度也会成为孩子美好的回忆，孩子将来也会在跟别人说话时保持良好的态度。

要是父女间发生争吵的话，双方就会互相伤害对方。爸爸说出一些攻击性的话语，女儿为了防御，很自然会说一些反击性的话语。

“你晚回家也不知道打个电话什么的？怎么连电话也不接？”（攻击）

“你以为我是故意晚回的吗？今天学校放学晚了你知道吗？再说，爸爸上次去接我不也晚了30分钟吗！”（防御以及反击）

“爸爸那次是因为堵车！我不是告诉过你今晚绝对不能晚回家的吗？”（防御以及反击）

“爸爸迟到可以，我迟到就不行？凭什么？”（攻击）

“你还顶嘴！怎么这么没礼貌？你再这样我就扣你零花钱！”（攻击）

父女双方的感情会被这些攻击性的话语所伤害。所谓的“我”对话法（I-message），并不是指出对方的错误，说些“你这么做是不对的”之类的话，而是把自己的感受告诉对方。

我们在听到别人批评自己时，心情总会变差，而且会不自觉地为自己辩解。在这种情况下，要是对方使用“我”对话法的话，会更有效果。

“我”对话法就是通过把自己的感受传达给对方，对方在听完之后不仅不会防御或者反击，而且还会产生一种愧疚的心理。

“我”对话法（I–message）和“你”对话法（You–message）

“我”对话法（I——message）	“你”对话法（You——message）
房间稍微有点儿乱哦	你怎么也不知道整理一下房间
你还没做完作业，爸爸有点儿担心哦	你怎么还没写作业，都干吗去了
爸爸有点儿担心你因为看电视导致成绩下降	你每天就知道看电视，难怪成绩一直上不去
因为你晚回家，爸爸非常担心	这么晚你也不知道打个电话回来
你不听爸爸的话，爸爸现在有点儿伤心	你是把我的话当耳边风吗
不知道是不是灰尘的原因，我的喉咙有点儿痛	你怎么总是把地上的灰尘弄得哪儿都是
爸爸要再拖一次地，有点儿累	你怎么把水倒在地上了？我因为你又得拖一次地了
看到你受伤了，爸爸很不安	我告诉你多少遍了？用剪刀时一定要小心
把书放在地上，看上去有点儿危险哦	你怎么把书放地上了，谁帮你收拾
我看你一副心不在焉的样子，是因为什么事而不开心吗	你怎么又在做作业的时候开小差了

表中的例子在很多书上都有介绍。其实，爸爸并不需要完全按照上面的“我”对话法来做，只需要避免犯“你”对话法的错误即可。

“我”对话法的好处

♦ 这种方法既可以婉转地指出女儿做得不对的地方，还可以不伤害女儿的感情。另外“你这么做的话爸爸会心疼”这样的话，还可以让女儿感受到爸爸对自己的关心。

♦ 由于爸爸并没有说一些带有攻击性的话，所以女儿能够把爸爸的忠告听进耳朵里。

♦ 女儿可以从爸爸的话里很自然地得知爸爸希望自己做什么。

♦ 女儿听到的并不是对自己的批评，而是爸爸的期待。也正是由于这个原因，女儿会更加乐意改变自己的行为。这比直接批评更有效果。

“我”对话法的要素

♦ 描述女儿的行动：“你要是……的话。”

♦ 描述自己的感受：“我觉得……”

♦ 描述结果：“由于……的原因。”

♦ 描述自己的期待：“我觉得……这么做可能会比较好。”

举个例子，比如说爸爸在家里看到女儿在用锋利的小刀削铅笔：

模式一：**“秀敏啊，看到你用锋利的小刀削铅笔，爸爸很担心，因为这样很容易受伤。你跟爸爸一起削的话还好，自己一个人的话还是不要这么做比较好。”**

模式二：**“秀敏，赶紧放下小刀！你现在还不能用小刀削铅笔！赶紧放下！不然的话你会受伤的，到时你就后悔了。”**

虽然这两个模式都是为了阻止女儿独自用小刀削铅笔，但是其所达到的效果却大不相同。使用了“我”对话法的那个模式（模式一）给女儿的感觉是“爸爸真的很担心自己”，而使用了“你”对话法的那个模式（模式二），则会使女儿产生“其实我也能做的，为什么不能让我做”的想法。

总的来说，“我”对话法算是一种能够非常有效地传达感情的对话方法。这种方法在对对方作出直接批评的同时，还比较客观地对对方的行为作出了评价，以及让对方知道他的行为对自己产生了什么影响。

另外，即便你觉得使用“我”对话法比较吃力，也不可以使用任何的“你”对话法。“你”对话法所产生的效果都是负面的，不仅会给对方造成伤害，还会使对方对自己产生厌恶的感觉。

现在，让我们来做个练习吧。

案例：

你的女儿从学校或者幼儿园晚回家了1小时，而且也没给家里打电话。在这种情况下，你会跟她说些什么呢？请在下面的方框中填上你的答案。

探索适合女儿性格的对话法

一个人在成长的过程中，会形成自己独特的个性。因此，我们总会在评价事物的时候说“它跟我的性格不搭”或者“这非常符合我的性格”。当然，也会有人说“它在某些点上跟我的性格很像，但是总体来说跟我的性格不是太搭”。从这样的话里，我们可以得到一个非常重要的信息。那就是，一个人的性格会使他有很多倾向性。

为了了解人的性格，科学家们做过很多的研究。下面，我来给大家介绍一下由美国哥伦比亚大学心理学教授威廉·马斯顿（William Moulton Marston）所做的关于人类性格类型的研究。在这个研究中，马斯顿教授把人类的性格分成了四大类，分别是主导型（Dominance）、社交型（Influence）、平和型（Steadiness）以及慎重型（Conscientiousness），这四个类型统称为DISC。这个研究主要是通过问卷调查的方式完成的。

由于低学年的孩子尚未有能力独立完成问卷，所以很多发给孩子的问卷最终都没能够顺利收回。当然，还是有一部分父母通过自己对孩子的观察帮孩子完成了这份问卷的。他们根据自己所观察到的孩子的外在表现，从而判断自己的孩子比较接近哪个类型。人的性格特征是多样的，因此父母在评价孩子属于哪种性格时，只需要选择跟孩子性格比较接近的那个选项即可。

性格虽然有大的分类，但是每个人的具体表现又各不相同。因此，不要认为孩子具有很多个性格的特征，就说孩子只有一种性格。更多的时候，孩子拥有多种性格倾向，只是在某一个倾向上表现得更强烈而已。

主导型（Dominance）

♦ 特征：拥有一定的领导能力，在与朋友玩耍时通常都会掌握主动权。拥有比较强烈的好胜心以及竞争心理，做事比较雷厉风行。

♦ 缺点：比较固执，经常以自我为中心。在与其他人进行活动时，会作出一些自私的行为。另外，比较喜欢对别人下命令、提要求，不习惯听取身边人的忠告。

♦ 跟主导型的孩子对话时的注意事项：这些孩子为了克服困难会不断地努力鞭策自己，而且能够对周围的事物作出准确的判断。但是，正是这样的优势使他们在对话的时候很容易因为过于自我而伤害到别人。因此，要是孩子属于这种性格的话，我们首先应该从称赞人手。通过称赞他的长处使她解除防御的心理。之后，尝试告诉他一些曾经被他忽视了的朋友的感受，并且在不伤害自尊的情况下给他一些建议，如“平时注意调整自己办事的速度，稍微谨慎一点儿”“不仅要在做决定之前跟朋友商量一下，还要在做决定以后跟朋友解释一下原因”等。只有做到这些，才能够使他成为一个既进取又愿意帮助弱者的好孩子。

另外，如果爸爸用一种强势的语言对主导型性格的孩子说话，便会产生非常严重的后果。由于孩子的自尊心特别强，当听到爸爸的建议时，他会把爸爸的这些话当成是牢骚。因此，不到必要的时候，爸爸都不要用命令的语气对主导型性格的孩子提出要求或者命令。

社交型（Influence）

◆ 特征：非常乐观，善于在与他人对话时创造一个愉快的气氛。比起独处，更喜欢跟一大帮人在一起。乐于交友，跟朋友无话不谈。

◆ 缺点：话非常多，一方面，很容易说错话；另一方面，会给人一种轻浮的感觉，得不到别人的信赖。过于乐天，会让人觉得不可靠。

◆ 跟社交型的孩子对话时要注意的事项：这种性格的孩子喜欢说服别人，把自己的想法灌输给别人。即便是与一个陌生人相处，他也能够表现得特别开朗。由于这种性格的人以说话为乐，如果孩子是这种性格，爸爸要做的事非常简单，便是听他说话。

另外，要用一个非常真挚的态度告诉孩子，话太多会使别人对他失去信赖感。当孩子说话过于夸张，直至最后无法收尾的时候，爸爸要出面跟他一起解决问题。只要做到这一点，孩子就可以在朋友圈中积攒足够的人气，而且还会成为一个言出必行的孩子。在日常生活中，爸爸应该在跟他一同定下处理事情的先后顺序。在做决定的时候，尽量不受感情影响，用一种客观的态度为他分析。

平和型（Steadiness）

♦ 特征：为人平和、真诚，协作能力强，不喜欢与人发生矛盾。善于倾听，容易妥协。

♦ 缺点：过于宽厚，在某些事情上显得优柔寡断。为人被动，讨厌变化。面对矛盾时，通常选择逃避。

♦ 跟平和型的孩子对话时要注意的事项：这种人重视合作，为了能更好地与他人合作，他通常都会选择妥协。由于为人比较被动，相比起独立主动地去完成具有创意性的事情，这种人更善于服从命令。拥有这种性格的孩子非常听父母的话，为人也十分善良，却总是生活在父母的影子里，缺乏主见。这种孩子在做决定的时候总是显得很犹豫，经常被朋友牵着鼻子走。

在跟这种孩子说话的时候，应该多鼓励他自己做决定，而且还要多给机会让他抒发自己的想法。比如说，在买水果的时候让他去挑；点比萨的时候让他选择自己喜欢的口味；在做完某些事情之前，让他谈一下自己对这件事的感想。在跟这种孩子接触的时候，比起下命令，爸爸更应该多鼓励他做自己喜欢的事情。在为他们提供各种各样机会的同时，尽量多地去挖掘他具有创新性的一面。

慎重型（Conscientiousness）

◆ 特征：具有极强的判断能力，能够非常有条理地处理事情。自始至终都保持着谦逊的态度，默默地把自己该做的事情做完。

◆ 缺点：多疑，感性。一旦知道别人评论自己，就会变得特别敏感。虽然有着固执的一面，但不会表露在面上。很多时候会过于忧虑。

◆ 跟慎重型的孩子对话时要注意的事项：这种性格的孩子喜欢准确的事物，善于分析。虽说会非常实在地完成自己应该做的事，但同时也会对别人的行为进行判断。对于一些琐事往往会过于忧虑。

面对这样的孩子，爸爸要做的便是多咨询他的意见，并一同做决定。这样做，能够使孩子感受到爸爸对自己分析力以及判断力的信任。由于这种性格的孩子很容易因为别人的话语而受伤，所以爸爸在进行对话的时候一定要多加注意，尽量多地称赞他的优点。遇到与他产生矛盾的情况时，一定要有耐心。另外，由于这种孩子喜欢准确的东西，所以爸爸尽可能不要违背做过的约定以及承诺，最好任何事情都按照原先的计划去进行。要是实在不变不行的话，爸爸必须提前跟孩子打声招呼，并与他一同修改原计划。

上面所说的便是针对几种性格的孩子应该遵循的对话方法。在对话的时候，根据孩子的性格，采取适当的方法去教育他或者给他建议，会使他更加容易接受。此外，还可以大幅度地减少爸爸与孩子之间发生争吵的概率。

大部分的父母都希望自己的孩子在性格上能够更加活泼。当我还在小学当班主任时，每当跟班上学生的父母对话，他们总会提到那么一句话："真希望我的孩子能够更加健谈，人缘更好。"

以我当了十几年的小学老师的经验来看，孩子的类型真的有很多种。有的孩子特别爱说话，也特别喜欢在别人面前表现自己；但是也有的孩子不爱说话，有时候甚至连自己的意见也不会表达出来。当然，还有一些孩子，平时不说话，但你要是一向他提问，他就会滔滔不绝地表达自己的看法。

其实，话多的人并不是一定能够当好领袖，而话少的人也不一定当不好领袖。作为领袖，最应该具备的特质便是懂得扬长避短。尽量去发挥自己的长处，努力去弥补自己的短处。

虽说上面为大家介绍了四个大类的性格特征，但是，每个孩子在具体表现上还是会有些许差别。真正能够努力去发现自己孩子性格特征的父母其实不多，大部分的父母只会以自己的思维方式去观察孩子。

读到这段文字的爸爸们，与其把自己的想法以及价值观强加到孩子身上，还不如多花点儿心思去了解孩子的性格特征。

对话质量重于对话数量

很多时候，女儿都会向爸爸提出一起去公园玩的请求。面对女儿的请求，大部分被工作折磨得精疲力竭的爸爸总会轻轻地摇摇头，然后用一句“下次吧”来敷衍自己的女儿。现实生活中，爸爸和女儿的对话总会出现一些状况，要么就是时间太短，要么就是时间不对。为了能够弥补对话时间上的不足，最好的方法并不是盲目增加对话的次数，而是应该尽力去提高对话的质量。

下班后立刻把注意力集中在女儿身上

爸爸在下班回家以后，应该迅速地把自己生活的重心放在女儿身上，尽可能地去关心自己的女儿，问她一些如“今天心情怎样”“今天都做了些什么”“有没有碰到什么好事”，或者“有没有碰到一些让你心情不好的事”之类的问题。要是没有什么特别要跟女儿说的，爸爸可以从女儿在幼儿园或者学校的小事开始聊起，比如说，在学校做了什么手工作品或者是上课学到了什么新知识。在认真倾听的同时，爸爸可以从女儿的回答中寻找对话的主题。

通过这样的对话，爸爸不仅可以进一步了解自己的孩子，还能够在孩子的脑海里建立起良好的形象。此外，女儿在这段对话中，会产生“爸爸真的很关心我”以及“爸爸真的很爱我”之类的想法。

从这个效果来看，相比起那些时间虽长但质量不高的对话，这样的对话对维护父女关系有着更大的帮助。

倾听的时候表现得比妈妈还要真诚一点

虽说妈妈并不是爸爸的竞争对手，但是只要爸爸愿意花更多的心思在女儿身上，就会比妈妈更加容易俘获女儿的心。想要跟女儿聊天的话要把电视关掉，起身走到女儿跟前，认真地去倾听女儿诉说她的故事。

当女儿叫一声“爸爸”的时候，爸爸需要做的是抬起头，认真地与女儿进行眼神交流，让女儿感觉到你在关注他，而不是头也不抬，很敷衍地回一句“怎么了”。

对于爸爸的不同态度，女儿也会有着不同的回应。如果你是那种敷衍型的爸爸，女儿便会把自己的感受藏起来，不愿意告诉你；如果你是那种真诚型的爸爸，女儿便会向你敞开心扉。当然，即便是再努力，也会有失败的时候。所以，爸爸在尝试的过程中，一定要有耐心。

口中要充满善言以及积极的内容

当你看到杯中有一半的水时，你的想法是“只剩一半的水了”还是“还有一半的水”呢？而当你看到女儿的听力考试得到90分时，你的想法是“怎么只有90分”还是“哇！有90分”呢？

善言以及正面的话语如同杨枝甘露，而恶言以及刁难则如同无色无味的剧毒。因此，让我们和女儿在对话中充满善言以及正面的话语吧！正面的信息能够增加女儿的自信以及勇气，使她的心更加平静。另外，爸爸们还需要不断地去练习如何去称赞别人。毕竟，一个人要是长时间不称赞别人，嘴巴是很容易“生锈”的。

在抚养女儿的过程中，比起激励与称赞，爸爸更多的是采用批评以及说教的方式。因此，爸爸现在很有必要认识激励以及称赞的重要性。毕竟，想要让女儿对你敞开心扉，必须先学会如何向女儿传递正面的信息。

希望大家记住，在那些怕事胆小的孩子身后，必然会有着极度渴望其做任何事都不会失手的父母；而在那些遇到困难不屈不挠的孩子身后，必然会有着能够坦然接受其失败并且微笑激励其前进挑战的父母。

会使女儿伤心的话VS会给女儿带来力量的话

会使女儿伤心的话	会给女儿带来力量的话
怎么这么简单的题都能错	这么难的题你都能回答对
你连个包都不能好好收拾	我觉得就算你一个人也能把包收拾好
你为什么这么做	现在我们该怎么办呢
其他的孩子都能做好	这么难的事你都能做得这么好
扔垃圾当然得扔到垃圾桶里啊	虽说把垃圾扔到垃圾桶是一个非常简单的动作，但并不是每个人都能做到的。你做得真好

关于成功对话的一些建议

其实，即便再熟悉正确跟女儿对话的方法，也比不上多爱女儿一点儿来得重要。因此，在学习对话方法之前，最重要的是拥有一颗愿意去了解女儿并且给她送去幸福的心。毕竟，光是学会如何跟女儿聊天却没有一颗真正爱女儿的心，是永远也无法走进女儿内心世界的。想要展开一段成功的对话最重要的便是爸爸的心。正面的态度、无限的耐心、对女儿的信任以及适当的期待都是非常重要的元素。

我们一天所进行的很多行为都源于我们的习惯。也就是说，只有改变我们的习惯才能够改变我们对女儿的态度。但是，改变习惯并不是一天两天便能够做到的事。因此，每次在跟女儿聊天的时候，我们都要默默地去检查自己的语气以及言辞，看看自己到底有没有犯错。要是缺乏这样的努力，即便你读再多的指导性书籍，也无法把知识融入到实践中。毕竟，你只是读了书，却没有真正做到改变自己。

虽然没法一次性改变自己，至少可以把自己最需要改的地方列出来，然后一项一项地去努力攻破。下面让我们来看看一些关于对话的建议。

相比起检察官和律师，爸爸更应该起到法官的作用

现实生活中，总会有如同检察官的爸爸，他们非常喜欢挑出女儿的错误行为。可是，这些爸爸并没有因为指出女儿错误而受到女儿的尊敬，相反在女儿心中，这样的爸爸不过是一个专门监视自己的人而已。当然，也有一些爸爸，总爱偏袒自己的女儿，即便是女儿做错了事，也会为她辩解。相比起谢意，女儿对这种爸爸更多的是一种鄙视的态度，觉得他的行为非常可笑。

作为爸爸，平时你可以很温柔，但在女儿犯错的时候，你必须要做一个公正严明的法官。要做到这点，必须对女儿的行为有一个非常明确的判断标准。所谓赏罚分明，做对了应该称赞，做错了就应该进行一定的思想教育。

摒弃那种对待女儿时特有的强势态度

在女儿做错事或者烦恼的时候，很多爸爸都会很强势地让女儿执行自己制订的解决方案。即便是对待一些女儿自己也能够独立解决的事情，爸爸也还是会说些类似“你就这么做吧。这个时候就应该这么做……”之类的话。其实，大部分情况下女儿都拥有独立解决问题

的能力，而且培养孩子独立解决问题的能力也正是父母的重要义务之一。因此，相比起努力强迫女儿接受自己制订的解决方案，爸爸更应该多花点时间培养她独立解决问题的能力，遇到困难时多跟女儿说说“你觉得怎样解决比较合适”等。

一封信胜过千言万语

大部分爸爸为了让女儿改正自己的错误，都会反复地重复自己的长篇大道理。但是，即便称赞说得多了也会让人生腻，更何况是说教？因此，当你不断地重复着大道理时，女儿就会觉得你是在发牢骚。

这个时候，可以尝试用写信的方式来教育女儿。信不用太长，只要把需要传达的信息写上去便可以。另外，最好在信封里放几颗糖果。

“从今天开始，要是因为和朋友玩耍而要晚回家的话，能跟爸爸说一声吗？不然爸爸会很担心你的。”

“昨天你给爸爸打电话说你晚回家，证明爸爸上次说的话你已经记在心上了。很感谢你能听爸爸的话。”

“爸爸昨天对你发火了，对不起。爸爸以后一定会注意的。”

一定不能丢掉一致性

在对孩子的教育上，一致性是非常重要的。对于孩子还在上小学的父母来说，其重要性更甚。毕竟，小学阶段是培养孩子价值观的重要时期，这个时期一定要让孩子清楚地知道什么事情是对的、什么事情是错的。如果爸爸总是按照自己的心情去判断孩子行为的对错，很容易让孩子在价值观上出现混乱。从孩子的角度出发，同样一件事，爸爸心情好的时候就会称赞自己，心情不好的时候却会责备自己，那这件事到底是对的还是错的呢？要是没能把握好一致性，还会使孩子产生不安的情绪。

要给孩子传递正面的信息

相比起失败、放弃等负面的词语，爸爸更应该向女儿传递一些正面的信息。一个孩子要是能够经常接受正面的评价，便会获得很大的自信。不管做什么事，他都会坚信自己能够成功。相反，要是一个孩子经常接受负面的信息或者评价，即便这个孩子本身具备成功的能力，也很难获得成功。曾经有个实验，让经常接受正面信息的孩子和经常接受负面信息的孩子做同一件事，前者的成功率要远高于后者。

请记住，在篮球场上，比起投篮技术，运动员更需要具备的是一种“我一定能够投进”的自信。

认可跟同意是两回事

在跟女儿进行对话时，爸爸很多时候都无法同意女儿的意见。但是，即便是不同意女儿的意见，爸爸也要主动去对女儿的情感表示认可。很多时候，一些让女儿伤心的事情在爸爸眼里并不是什么大事，但是，爸爸不能因此而忽略掉女儿的情感。在倾听女儿诉苦时，爸爸应该作出足够的附和性的行为，如点头以及一些如“真让人伤心啊”这样的话语。只有这样，才能够让女儿知道爸爸认可并且理解自己的这份情感。记住，我们在跟别人对话的时候，不能因为不同意对方的观点而否定对方的情感。

想要完全理解女儿的想法并非易事

我们总说要用心去理解女儿或者妻子的情感，但这其实并不是件简单的事。在对话的时候，也不知道是不是因为出于对对方能够耐心倾听自己心声的感激，我们很多人都不会太在意对方是否百分之百地理解自己。因此，即便你不能够完全理解女儿的想法也没关系，只要你能耐心听完她的倾诉就行。用一种正确的姿态去倾听女儿诉苦，为的是传递给女儿一个信息，那便是爸爸正在努力去理解她。

教训孩子时话语越短越有效果

即便是再善良再纯真的小孩，也会有做错事挨骂的时候。父母在抚养孩子的过程中，也总会有对孩子进行惩罚的时候。请记住，这个时候，简短且真挚的教训才是最有效果的方法。即便是简短的教训，也能够把想要表达的意思全部传递给孩子。相反，要是教训的时间过长，教训就会变成牢骚。简短的教训如同图章，能在孩子的心上烙下深深的印记；而冗长的说教则是耳边风，不会在孩子脑海里留下任何印象。

在女儿睡觉前陪伴在女儿的身边

饭桌教育的效果永远也比不上枕边教育。躺在床上时是一个人身心状态最为平和的时候。爸爸应该充分利用这个时间，用一种温暖的方式去给孩子送上慰藉以及嘱咐。另外，女儿也会经常在这个时候说出自己白天没能敞开心扉说的事情。越是忙碌的爸爸，越不能错过这个黄金时间。

在吃饭的时候进行一段愉快的对话吧

吃饭对身体来说是一件愉快的事情，也是给人补充能量以及刺激人味觉神经的一段幸福时光。在饭桌上不仅能够享受美食带来的乐趣，还能够跟家人一起分享一天的见闻，这是件多么让人快乐的事情！但是，总有人把这个时间变成说教以及发牢骚的时间，从而破坏了吃饭的气氛。要是这样的行为不断重复，就会使得吃饭成为一天里负面情绪最为严重的活动。

很多父母把吃饭时间看作是饭桌教育的时间，于是便养成了在饭桌上发牢骚以及批评孩子的习惯。记住，这样的做法是错误的！比起发牢骚和批评，父母在饭桌上更应该与女儿进行一场平和且温馨的对话。只有这样，吃饭才能够成为一件乐事。也只有这样，吃饭才能够真正达到休整心灵以及补充能量的效果。

多问一些女儿感兴趣的问题

有一些爸爸，他们总是说自己非常关心女儿，关于女儿的一切事情他们都了解得一清二楚。但是，其实这些爸爸了解的只是女儿什么时候去学校、什么时候回家或者是什么时候去补习班等，说白了，他们只是了解女儿的时间表。要是问他们女儿在学校喜欢跟谁一起玩耍、女儿最喜欢吃什么或者是女儿最近关心的是什么，他们可能什么也不知道。

虽说大部分的爸爸都说自己很关心女儿，但其实，他们更加关心的是自己。在与女儿交流的时候，他们只会选择自己关心的东西去了解。爸爸们，下次跟女儿聊天的时候，不如先问一下女儿关心的是什么吧。也就是说，我们可以用“你最喜欢的歌手是谁呢”这样的话开始与女儿的对话。

多跟子女说一下自己的失败经历

每次在跟爸爸说话时，女儿都会听到类似“你应该这么做”的话。这样的过程不断重复，女儿就会慢慢地觉得爸爸是一个很难相处的对象。在她们眼里，爸爸成为了一个完美主义者。每当与爸爸对话时，她都会感到深深的自卑。

为了避免这种情况，爸爸们应该多跟女儿讲一讲自己小时候的失败经历，让女儿能够以一种更加平和的心态去接受自己所犯的错误。

孩子的话难免会缺乏合理性

对于孩子的一些缺乏合理性的话，爸爸们应该给予充分的理解。尤其是一些低年级的孩子，他们的口语能力最多也只能达到童话书里那些短篇文字的水平。因此，爸爸在跟女儿说话时，应该给予她充分的理解。在认真倾听完以后，便要耐心地作出回答。还有，千万不要批评孩子说话不符合语法规律。毕竟，我们也经历过那个阶段。

不要用爸爸自己的思维去命令孩子

很多时候，爸爸都会在与女儿对话时不自觉地说出“像爸爸这样去思考”或者“像爸爸那样去判断”这类的话。这样说的目的，大多只是为了孩子能穿上爸爸希望她穿的衣服、吃爸爸希望她吃的水果。

在这个过程中，女儿提出任何异议的话都会遭到爸爸的指责。女儿年龄还小，不怎么会反抗，一般情况下，她们都会选择服从。但是，这种过程要是不断重复的话，女儿总有一天会爆发。虽说女儿在性格或者偏好上会跟父母有一定的相似之处，但想要孩子完全像爸爸那样去思考是不可能的。

你的忍耐，女儿能够感受到

随着年龄的增长，以前那个顺从的女儿会慢慢变得有自己的想法。在爸爸提出一些要求时，她们会选择反问“为什么要这么做”或者因为讨厌而开始反抗。这个时候，女儿可能会说一些带有叛逆倾向的话语，而爸爸在听到这些话时，就会不由自主地发火。如此一来，两个人便会开始激烈地争吵。

面对着女儿那带有叛逆性的话语，爸爸应该选择忍耐。忍耐一段时间之后，你会发现，女儿的行为也会出现一些变化。那是因为女儿能够感受到你的忍耐以及努力。

上面就是我关于成功对话的一些建议。

所谓对话，简单说来便是指面对面地说话。面对面其实就是强调双方的眼神交流。

试想一下，当你和孩子踢球的时候，孩子突然把球紧紧夹住，不肯传给你，你觉得这个游戏还能继续吗？其实，对话也是同样的道理。很多父母仗着自己的身份，掌握着对话的控制权，光要求孩子听自己的话，却不肯把孩子的话听完。这样的行为，理应获得一张黄牌。

作为一个老师，我曾经指导过很多学生，也曾经跟很多位爸爸聊过天。根据我的经验，大多数爸爸都很难做到真诚地倾听孩子诉苦。因此，即便你仅仅能够做到努力听完孩子说话，也证明你已经领先于大部分的爸爸了。

当你在实践中遇到无数的困难想要放弃时，请记住，无论放弃什么，都不能放弃对一个原则的坚持，那便是把孩子的话听完再发言。只要做到这一点，你便是一个好爸爸。